KÖ LN

W0040515

Reisen mit MARCO POLO
Insider-Tipps

MARCO POLO TOP-HIGHLIGHTS

FISCHMARKT ⭐3

In einem der Biergärten einfach mal tief Luft holen: Von hier aus hast du die beste Aussicht auf Groß St. Martin und die bunten Altstadthäuser.
📷 *Tipp: Die Vormittagssonne betont die Farben der Häuser am besten.*

➤ S. 34

DOM ⭐1

Formvollendete gotische Baukunst (Foto): Die Türme wachsen in den Himmel, und die Glasfenster tauchen das Innere des Gotteshauses in ein mystisches Licht.
📷 *Tipp: Das moderne Mosaikfenster von Gerhard Richter funkelt in der Mittagssonne in allen Farben.*

➤ S. 31

KOLUMBA ⭐4

Das phantastische Gebäude von Peter Zumthor gewährt Einblicke in die Kunst und Ausblicke auf den Dom.

➤ S. 40

MUSEUM LUDWIG ⭐2

Für alle Kunstfans: eine der international bedeutendsten Sammlungen von den Impressionisten bis zur Pop Art.

➤ S. 30

BELGISCHES VIERTEL ⭐5

Schöne Boutiquen statt der bekannten Ketten bestimmen die Einkaufslandschaft in gründerzeitlichen Häusern.

➤ S. 54

RHEINTREPPE ⑥

Die jahrelange Bauzeit hat sich
gelohnt: Kölns Platz an der Sonne
mit Premiumausblick.
📷 *Tipp: Für das perfekte Bild
gehst du am besten in der Dämmerung zum Ostende der Hohenzollernbrücke.*

➤ S. 45

QVEST HOTEL ⑦

Aus dem Dornröschenschlaf ge-
weckt: Das ehemalige Historische
Archiv ist jetzt ein cooles Design-
hotel.

➤ S. 104

INNERER GRÜNGÜRTEL ⑧

Treffpunkt vor allem der jungen
Stadtbewohner, die bei gutem
Wetter das Leben feiern.
📷 *Tipp: Die Abendstimmung
am Aachener Weiher gleicht an
sonnigen Tagen einer Beachparty.*

➤ S. 55

EHRENFELD ⑨

Kölns hipster Stadtteil, dessen
Clublandschaft am Wochenende
zu einer einzigen Partyzone wird.
📷 *Tipp: An der Leyendeckerstr.
aussteigen – mit ihrer imposan-
ten Beleuchtung ist die
U-Bahnstation eine verkannte
Sehenswürdigkeit.*

➤ S. 53

STRASSENKARNEVAL ⑩

Der verkehrsberuhigte Chlodwigplatz ist das Epizentrum des
närrischen Treibens.

➤ S. 102

INHALT

**BESSER PLANEN
MEHR ERLEBEN!**

**Digitale Extras
go.marcopolo.de/app/koe**

🕐	Besuch planen	🦩 Bei Regen
€–€€€	Preiskategorien	🐷 Low Budget
(*)	Kostenpflichtige Telefonnummer	👹 Mit Kindern
		🚩 Typisch

(📖 A2) Herausnehmbare Faltkarte
(0) Außerhalb des Faltkartenausschnitts

DAS BESTE ZUERST

Blick auf den Rhein und die Altstadt

SCHÖN, AUCH WENN ES REGNET

EIN ETWAS ANDERES HANDICAP

Beim *Glow Minigolf* in Ehrenfeld erwartet dich ein besonderer Minigolf-Parcours: Unter Schwarzlicht mit einer 3D-Brille bespielst du Bahnen, wie du sie noch nie gesehen hast, – dabei lässt sich gut ein Bierchen trinken.
➤ S. 101

FILMGENUSS MIT CATERING

Beinfreiheit ohne Ende in bequemen Sesseln, dazu aufmerksamer Tischservice, eine Tapasplatte und eine Flasche Wein zu zweit? So wie in der *Residenz Astor Film Lounge* macht Kino Spaß. Zu ausgesuchten Terminen laufen Filmklassiker.
➤ S. 96

VON PICASSO BIS POP-ART

Meisterwerke der letzten 100 Jahre in der ständigen Sammlung, dazu Wechselausstellungen mit bedeutsamer Kunst der Gegenwart: Im *Museum Ludwig* sind alle wichtigen Künstler und Strömungen der jüngeren Kunstgeschichte vertreten, die Picasso-Sammlung ist die drittgrößte des Planeten (Foto).
➤ S. 30

IM PLATTENLADEN STÖBERN

Der *Underdog Recordstore* ist einer der besten Plattenläden des Landes. Die Regale bieten genug Stoff, um eine ganze Regenzeit zu überstehen – und recht preisgünstig sind die Vinylschätzchen noch dazu.
➤ S. 81

MUSEALES TRIO

Im *Kulturzentrum Neumarkt* wird es dir bei schlechtem Wetter garantiert nicht langweilig: Das *Rautenstrauch-Joest-Museum* nimmt dich mit auf eine Reise um die Welt, das *JuniorMuseum* zeigt globale Kinderzimmer. Und dann wären da ja noch die sakralen Schätze im *Schnütgen-Museum* …
➤ S. 39

FEINE KLÄNGE ZUM LUNCH

Klassische Musik untermalt deine Mittagspause beim *Philharmonie-Lunch*. Abwechselnd proben das Gürzenich-Orchester und das WDR-Sinfonieorchester, wobei der Dirigentenstab kreist.
➤ S. 95

PALMENALLEE IM NORDEN

Teile des *Botanischen Gartens* werden gerade zukunftsfähig gemacht, doch weiterhin zu sehen ist die Allee aus chinesischen Hanfpalmen – die nördlichste ihrer Art in Europa. Eintritt frei!
➤ S. 52

UNVERGESSLICHE KLÄNGE IM DOM

Die Chorkonzerte am Dreikönigenschrein und die sommerlichen Orgelfeierstunden der *Kölner Dommusik* sind auch für Katholizismus-Skeptiker ein erhabenes Erlebnis.
➤ S. 32

IM SOMMER WIRD GEFEIERT

Ein „singender Biergarten", Theater aus aller Welt, Konzerte, Artisten, Puppenspiele: Das Open-Air-Programm des *Sommer Köln* (Foto) kann sich sehen lassen und kostet keinen müden Cent Eintritt.
➤ S. 103

TESTLAUF FÜR NEUE GAGS

Im Café des *Atelier Theaters* proben aufstrebende Talente ihre Bühnenwirkung und arrivierte Künstler ihre neuen Programme. Damit sie nicht leer ausgehen, kursiert nach der Vorstellung ein Hut durch den Saal.
➤ S. 96

FEINSTES DESIGN

Die *Passagen* beleben Mitte Januar die Stadt mit Events, Cocktailstunden und Konzerten von schick bis abgerockt. Besonders gut: der *Design Parcours Ehrenfeld*.
➤ S. 102

BEST OF
MIT KINDERN

SPANNENDES FÜR GROSS & KLEIN

ABENTEUER WISSENSCHAFT
Zwei bis drei Stunden dauert die „interaktive Forschungsreise" durch die fünf Themenwelten im *Odysseum*. Beim Astronautentraining ist das schlechte Wetter schnell vergessen.

➤ S. 56

URLAUB VON DER STADT
Auf den *Poller Wiesen* können sich die Kinder austoben und Drachen steigen lassen. Die Strandbar *(poller-strandbar. de)* überrascht mit Möglichkeiten zum Planschen, einem kleinen Strand und gut abgehangenen Sounds.

➤ S. 56

EIN FONDUE MIT SCHOKOLADE
Das *Schokoladenmuseum* führt den ganzen Produktionsprozess der edlen Süßwaren vom Gewächshaus bis in die Verpackung auf unterhaltsame Art vor Augen. Highlight: das Schoko-Fondue im angrenzenden Café.

➤ S. 49

PICKNICK UND NICKERCHEN
Ein Biergarten (s. S. 62), ein Weiher mit Tretbooten, ein Spielplatz und endlose Wiesen – der *Volksgarten* ist ein toller, zentrumsnaher Park für Familien. *Bahnen und Busse: Ulrepforte, Eifelplatz | Südstadt | ▢ F7*

REHEN IN DIE AUGEN SCHAUEN
Köln ist grün – du musst nur wissen, wo du hinmusst. Im *Wildgehege im Stadtwald* kommst du dir vor, als wäre die Stadt weit entfernt. Wenn die Kiddies dann noch Rehe füttern können, ist das Idyll komplett.

➤ S. 56

HOCH ÜBER DEM RHEIN
Die *Seilbahnfahrt* (Foto) über den Fluss in den wunderbar altmodischen Kabinen mit Blick auf die Skyline ist ein Erlebnis. An beiden Stationen – am Zoo sowie am Rheinpark – können sich die Kleinen auf Spaß freuen.

➤ S. 47

BEST OF ⚑

TYPISCH

DAS ERLEBST DU NUR HIER

DER TRICK MIT DEM GEFLÜGEL
Bestell dir im Brauhaus „'ne Halve Hahn" – ein Roggenbrötchen mit Käse. Besonders authentisch gibt's das Gericht mit dem irreführenden Namen im *Früh am Dom*.
➤ S. 62

WO DIE PUPPEN TANZEN
Auch wenn du vielleicht nicht jedes Detail verstehst: Die *Puppenspiele der Stadt Köln* – so der offizielle Name des Hänneschen-Theaters – bieten in ihren Stücken auf Kölsch herrlich satirische Seitenhiebe aufs Zeitgeschehen (Foto).
➤ S. 96

DREI TAGE FREUDE
„Drei Daach sich freue, nix bereue, dat is Karneval": Dass das urkölsche Narrentreiben nichts mit sterilen TV-Sitzungen oder ballermannartigem Gegröle zu tun hat, erlebst du beim *Straßenkarneval*.
➤ S. 102

KÖLSCHE KELLNER
Der Köbes ist eine Institution in der rheinischen Gastronomie und gehört zur Folklore des kölschen Brauhauses. Wie schlagfertig und ruppig die Kellner Kölns wirklich sein können? Schau mal im Brauhaus *Päffgen* vorbei.
➤ S. 63

TRINK DAS ORIGINAL
Kölsch ist „die einzige Sprache, die man trinken kann". Die hopfig-herbe Biersorte wird in 0,2-l-„Stangen" serviert. Probier dein „Sprachtalent" beim hauseigenen Kölsch der *Schreckenskammer*.
➤ S. 63

KÖLSCHER SONGWETTBEWERB
Während der Karnevalssession wird bei *Loss mer Singe* das Liedgut für die laufende Session im Rahmen einer Kneipentour auf ihre Tauglichkeit getestet. Die Bewertungen des Publikums sind entscheidend.
➤ S. 102

SO TICKT KÖLN

Am Dom ist immer etwas los

Das Museum Ludwig zeigt den städtischen Besitz an moderner Kunst

ENTDECKE KÖLN

Köln erschließt sich nicht auf den ersten Blick. Doch wer sich auf die Stadt einlässt, entdeckt eine lebensfrohe Metropole mit einem unverwechselbaren Charakter, die nicht auf die Klischees angewiesen ist, die über sie kursieren. Aufgrund seiner Kompaktheit eignet sich Köln wie keine andere deutsche Millionenstadt für die unkomplizierte Erkundung zu Fuß oder per Fahrrad.

MEHR ALS IHR IMAGE

Der Dom. Der Rhein. Ein paar Kölsch. Und natürlich der Karneval. Auf diese vier Grundpfeiler beschränkt sich Köln in seiner Außendarstellung gern. Anschließend kommt lange nichts – zumindest aus der Sicht von Traditionalisten. Höchstens der „Effzeh" noch. Aber der 1. FC Köln ist ja derart sachlich und er-

38 v. Chr.
Die Römer gründen eine Siedlung auf dem Gebiet des späteren Colonia Agrippina

Ca. 310 n. Chr.
Das römische Köln wächst auf 15 000 Einwohner, Kaiser Konstantin lässt die 1. Brücke über den Rhein bauen

1248
Bau des Doms beginnt. Köln erhält Stapelrecht – alle Waren müssen zwischengelagert oder angeboten werden

1709
Parfümeur Johann Maria Farina erfindet das Eau de Cologne

1823
1. Rosenmontagszug in Köln – der älteste in Deutschland

wachsen geworden, dass es trotz gelegentlicher Ausflüge in die Zweite Liga schon fast ein bisschen langweilig wird, dem Fußballverein zu folgen. Einen Eindruck, den man auch von der Stadt bekommen könnte, wenn man nur ihr oben erwähntes offizielles Image kennt. Und auch wenn dieses das Dasein des Kölners erfreut und die Stadt definitiv für Besucher lebenswert macht, ist die Realität zum Glück deutlich vielseitiger.

DER DOM UND SEIN SCHATTEN

Zwar ist unbestritten, dass der mächtige Sakralbau, der träge vor sich hin fließende Strom, das spärlich portionierte Bier und das wilde närrische Treiben für das Selbstverständnis der Stadt unverzichtbar sind. Doch der wahre Reiz ist ein anderer: Köln ist eine der kompaktesten Millionenstädte überhaupt. Die Wege sind kurz und die Viertel sehr unterschiedlich. Die Stadt ist über 2000 Jahre alt – und doch liegen zwischen den Romanischen Kirchen der Altstadt und den Industriebrachen Ehrenfelds kaum mehr als fünf Kilometer. Überhaupt zeigt sich in Ehrenfeld ein Köln, das der Flusskreuzfahrer und der Bustourist nie zu sehen bekommen. Sehenswürdigkeiten im klassischen Sinn würden sie hier auch vergeblich suchen. Dafür sind die verschiedenen Subkulturen der Gegenwart hier zu Hause. Vor allem am Wochenende erhalten sie Gesellschaft von jungen Menschen aus der ganzen Welt. Auf Clubs wie das Heinz Gaul sind sie nicht nur in Berlin neidisch, nein, im ultrahippen Ehrenfeld wird auch immer mehr Englisch, Spanisch und Niederländisch gesprochen. Das Feiern – und da meldet sich der Karneval wieder – liegt den Kölnern eben in den Genen.

1880
Nach 632 Jahren Bauzeit und 320 Jahren Baupause wird der Dom vollendet

1939–45
Im Zweiten Weltkrieg wird Köln zu 90 Prozent zerstört

2009
Am 3. März stürzt das Stadtarchiv während Bauarbeiten an der U-Bahn ein

2017
In Ehrenfeld wird die Zentralmoschee eröffnet, nach dem Entwurf des Kölner Architekten Paul Böhm

2019
Der 1. FC Köln steigt zum sechsten Mal in die Fußball-Bundesliga auf

KETTENFREIE ZONEN

Auch das Belgische Viertel kann sich sehen lassen in dieser Hinsicht. Hierhin hat sich Köln Ende des 19. Jhs. ausgedehnt, nachdem die Stadtmauern gefallen waren. Und zwischen Venloer, Brüsseler und Aachener Straße besitzt Köln auch noch etwas von der gründerzeitlichen Anmut, die durch die Zerstörungen des Krieges vielerorts verloren gegangen ist. Ersetzt wurden die Ruinen durch Zweckbauten mit gekachelten Fassaden, die konventionelle Ästheten bis heute verstören, die aber von nachfolgenden Generationen zunehmend als hip empfunden werden. Im Belgischen Viertel findest du die coolsten Geschäfte der Stadt: Plattenläden, eigentümergeführte Boutiquen mit liebevoll ausgesuchten Klamotten, Vintage-Stores, Designspezialisten und anderen Bedarf für das abgeklärte Leben in der Großstadt. Die global agierenden Ketten haben es bisher nicht über die Ringe hinübergeschafft. Ebenfalls im Belgischen Viertel sind auch heute noch Bananen an den Fassaden der Hauswände zu sehen – kleine Graffitis, die der Kölner Künstler Thomas Baumgärtel als Erkennungszeichen für eine Galerie kreiert hat. Nach einem Zwischentief mit vielen Abwanderungen ins unvermeidliche Berlin ist die Szene wieder vital. Wie die bildende Kunst überhaupt ein Argument ist, Köln zu besuchen: Mit dem Museum Ludwig und dem namentlich eingekürzten Wallraf(-Richartz-Museum) besitzt die Stadt zwei Top-Museen.

ARCHITEKTONISCHE KOSTBARKEITEN

In der Innenstadt aber ist auch die weit zurückreichende Geschichte präsent. Ja, da steht der Dom, aber der ist ja gar nicht so alt: Fertiggestellt wurde er erst im Jahr 1880 nach jahrhundertelanger Baupause. In diesem Licht wirken die unsäglichen Verzögerungen und Pannenserien beim Bau der U-Bahnlinie, die in die Südstadt führt, sowie bei der Sanierung von Oper und Schauspiel plötzlich gar nicht mehr so epochal. Doch innerhalb der Grenzen der mittelalterlichen Stadt stehen als Erinnerung an das streng katholische Köln vergangener Zeiten auch die Romanischen Kirchen. Ein Dutzend an der Zahl, und oft werden sie gar nicht groß wahrgenommen. Doch jede hat eine eigene Geschichte und eigene Vorzüge: Hier ist es ein Kreuzgang, dort ein Rosengarten.

Ein ehrfurchterweckender Verweis auf die Vergangenheit befindet sich weit unter der Erde: das Praetorium. Der ehemalige römische Statthalterpalast aus dem 4. Jh. n. Chr. ist in eine Betonschale eingehüllt und in Teilen ganz gut erhalten.

KÖLSCH ÜBER ALLES

Hier, in unmittelbarer Nähe zu Dom und Rhein, kann auch die Geburtsstätte der kölschen Seele lokalisiert werden. Am besten geht das wohl in den Brauhäusern der Altstadt, wo das Kölsch in Strömen fließt, und wo obskure – aber gute – Speisen wie „Himmel un Äd", „Halve Hahn" und „Hämchen" serviert

Was bringt der Köbes? Klar – Kölsch!

werden. Es sind die Wirkungsstätten der berüchtigten Köbesse, die das Bier unaufgefordert nachliefern, die Bestellungen nichtalkoholischer Getränke mit schnoddrigen Kommentaren begleiten und die gern dazu aufgefordert werden, einen mitzutrinken. In den Brauhäusern ist es zudem immer gesellig. Und die wohl besten Biere (Päffgen und Mühlen) können sogar für sich beanspruchen, nach den Grundsätzen jener Gerstensäfte gebraut zu werden, die andernorts neumodisch als Craft Beer verkauft werden.

EIGENE GESETZE UND LIEDER

In den Brauhäusern, die ihre Wirkungsstätte analog zum Stadtwachstum ausgedehnt haben, werden die Besucher mit dem Kölschen Grundgesetz konfrontiert. „Et kütt wie et kütt" (es kommt, wie es kommt – wir können es ohnehin nicht ändern"), „Jeder Jeck es anders" (eine Frühform der Toleranz) oder „Wat fott es, es fott" (eine Vorbeugung vor Verlustängsten) prägen die Mentalität des Kölners auch im dritten Jahrtausend noch.

Zur kölschen Seele freilich gehört auch das heimische Liedgut, dessen Kanon beständig wächst. Durch den Karneval im Allgemeinen (während der Session verdienen die Top-Bands eimerweise Euros), vor allem aber wegen eines Songcontests, der den schönen Namen „Loss mer singe" trägt. Dahinter verbirgt sich ein Wettbewerb, der während der Session durch die Region tourt, um die Hits für den bevorstehenden Karneval herauszufiltern. Wer das einmal mitgemacht hat, weiß: Diese Lieder bekommt man so schnell nicht wieder aus dem Kopf. Und ihre einzige Botschaft lautet: Köln ist mit großem Abstand die schönste, lebenswerteste und toleranteste Stadt des Planeten.

NICHT NUR RÄUMLICH KOMPAKT

Viele Kölner erfreuen sich an dem Gedanken, mit diesem Liedgut einen Beitrag zum Erbe der Nation zu leisten. Andere – den Karneval musst du deshalb gar nicht skeptisch beäugen – sehen die musikalischen Errungenschaften der Stadt an völlig anderer Stelle. Schließlich ist Köln auch die Geburtsstätte des Kompakt-Labels, das den Minimal Techno vom Rhein in die ganzen Welt exportiert hat, was manche Theoretiker als würdigen Abschluss der Musikgeschichte bewerten. Auch diese Kultur ist in den Clubs noch weithin präsent. Überhaupt sind Forschung, Technik und Modernität stark ausgeprägt. Allein die Uni zählt 45 000 Studierende, hinzu kommen diverse andere Hochschulen. Firmen wie Microsoft oder Electronic Arts haben ihre Deutschlandsitze im gelungensten Stück Kölns, dem Rheinauhafen.

Die Vielfalt zieht eine gewisse räumliche Beengtheit nach sich. Doch auch darauf hat Köln eine Antwort gefunden: Die Stadt wird von zwei Grüngürteln eingerahmt, dem inneren und dem äußeren. Und wer die entsprechenden Wege sucht, kann sich einen ganzen Tag lang innerhalb der City bewegen, ohne größere Mengen an Asphalt zu sehen. Der Asphalt ist zugleich die größte Schwäche Kölns: Obwohl sich die Stadt für eine weitgehende Erschließung durch Fußgänger und Radfahrer eignen würde, bürsten Unmengen von Autos durch die City, die an den unmöglichsten Stellen (zum Beispiel dem Vorplatz der Oper) von feindseligen Schnellstraßen durchschnitten wird. Es bleiben also Baustellen.

DRINK DOCH ENE MET

Das soll dich aber als Besucher nicht weiter kümmern. Genieß einfach die Vorzüge der Stadt: ein aufregendes Nachtleben, die hohe Dichte an Restaurants, das große Angebot an etablierter Kultur und die sich immer wieder neu erfindenden Subkulturen. Lass den Tag entspannt vor sich hinplätschern im Grüngürtel oder in den Cafés des Belgischen Viertels. Vielleicht nimmst du ja eines der Events zum Anlass, die die ganze Stadt in Wallung versetzen: die Passagen während der Internationalen Möbelmesse, die Art Cologne oder das Musikfestival c/o pop. Aber vernachlässige die Traditionen deswegen nicht: Sing während der Session all die kölschen Lieder mit, spaziere am Rhein und geh zu einem Spiel des „Effzeh". Wenn dort „et Trömmelche jeht" (das Lied von den Höhnern wird bei jedem Torerfolg gespielt) ist das ein erhabener Moment, den man auch als Anhänger eines anderen Vereins genießen kann. Vielleicht ziehst du ja sogar in Erwägung, dich nicht so anzustellen und einfach einen mitzutrinken – so wie es die Bläck Fööß in ihrem Evergreen „Drink doch eine met" fordern.

AUF EINEN BLICK

1.085.000
Einwohner

Berlin: 3.720.000

16
Brauereien

füllen Kölsch in Flaschen ab

Fläche:
405 km²

Hamburg: 755 km²

414 800
Menschen mit Migrationshintergrund leben in Köln

Größte Gruppe: knapp 94 000 sind türkischer Abstammung

HÖCHSTES GEBÄUDE: FERNSEHTURM COLONIUS

266 M

Berliner Fernsehturm 368 m

BELIEBTESTE REISEZEIT:

DIE FÜNFTE JAHRESZEIT

11.11. bis sechs Wochen vor Ostern

ANZAHL DER ROMANISCHEN KIRCHEN

12

10 MILLIARDEN EURO

kostete der Bau des Doms nach heutiger Kalkulation

400 M

lang ist die Partymeile Zülpicher Straße
Reeperbahn Hamburg: 930 m

BERÜHMTESTE PERSONEN: LUKAS PODOLSKI, STEFAN RAAB, CHARLOTTE ROCHE

KÖLN VERSTEHEN

RICHTIG KARNEVAL FEIERN

Es mag ein Klischee sein, doch Köln ist nun einmal untrennbar mit dem Karneval verbunden. Außenstehende mögen gute Gründe zur Skepsis haben. Doch die Versuchung, sich begeistert ins Getümmel zu stürzen, siegt in der Regel. Dabei aber ist Vorsicht geboten, denn trotz guten Willens können Neulinge vieles falsch machen. Merke: Das Wichtigste für einen gelungenen Karnevalstag ist Geduld. Lass es ruhig angehen, auch mit dem Alkohol, schließlich gibt es nichts Jämmerlicheres, als schon ausgeschaltet zu sein, bevor es richtig losgeht. Tatsächlich läuft die Party nicht weg. Sie dauert bis zum frühen Morgen – und du kannst auch später am Tag noch einsteigen. Kleiner Tipp: Veteranen trinken ausschließlich Kölsch und verzichten auf härtere Getränke.

Noch wichtiger aber ist die Wahl des richtigen Lokals. Am besten fragst du vertrauenswürdige Kölner, wo diese zum Feiern hingehen. Oder du schaust nach den Kneipen, vor denen sich die längsten Schlangen aufbauen. Die Südstadt *(Backes: Darmstädter Str. 6 | backeskoeln.de)* und der Eigelstein *(Anno Pief: Im Stavenhof 8 | anno-pief.de)* sind vorzügliche Adressen für authentische Karnevalslokale. Die Zülpicher Straße hingegen solltest du meiden.

Das Schlangestehen gehört dabei zum Ritual: Wenn du würdevoll feiern möchtest, solltest du zwei Stunden in der Kälte einplanen und eine entsprechende Grundversorgung dabeihaben.

INSIDER-TIPP
Wegbier ist Trumpf

Dabei bilden sich garantiert erste Freundschaften für die kommenden Tage. Doch Vorsicht, so groß die Versuchung auch sein mag, den Karneval (und die verkleideten, neuen Freunde) bei fortschreitender Dauer als neue Realität zu akzeptieren, so eisern hält sich der Kölner an die Regel: Am Aschermittwoch ist alles vorbei – bis zum 11.11. Außerdem gilt eine dringende Empfehlung, welche die örtlichen Vorzeige-Mundartrocker von Brings in Anlehnung an Zarah Leander karnevalskompatibel gemacht haben: „Nur nicht aus Liebe weinen".

LACH- UND SACHGESCHICHTEN

Man muss in Köln kein Büttenredner sein, um die Leute zum Lachen zu bringen. Doch es ist wohl nicht von der Hand zu weisen, dass die Vielzahl der komödiantischen Talente zumindest am Rande auf den Karneval zurückzuführen ist. Carolin Kebekus etwa hat auf ihrem Weg an die Spitze der Comedycharts keine Scheu davor gehabt, die Kölner in der fünften Jahreszeit zum Lachen (und natürlich auch zum Nachdenken) zu bringen. Wie viele ihrer Kollegen ist Kebekus im Oktober gern gesehener Gast beim *Köln Comedy-Festival (koelncomedy.de)*, das

Bis zu 1,5 Mio. Zuschauer kommen zum Rosenmontagszug

mit dem Deutschen Comedypreis zugleich die begehrteste Auszeichnung der Branche verleiht. An mehr als 20 Spielstätten wird dann ein Gag-Feuerwerk abgeschossen. Auch sonst aber lohnt es sich, nach Auftritten der örtlichen Stars Ausschau zu halten – sei es der brachiale Humor eines Guido Cantz, Annette Frier in ihrer Paraderolle als Danni Lowinski oder Veteran Bastian Pastewka.

DUFTWASSER MIT GEHEIMNISSEN

Eau de Cologne, ein Destillat aus Alkohol und Blütenölen, wurde bereits 1709 in Köln hergestellt, 1792 bekam Wilhelm Mülhens das Geheimrezept als Hochzeitsgeschenk. Die Essenz galt als Wunderwasser, das gegen Kopfschmerzen, Herzrasen und sogar die Pest helfen sollte. Als Napoleon 1810 eine Offenlegung aller Arzneirezepturen einforderte, konnte Mülhens das Geheimnis nur wahren, indem er die Mixtur als Duftwasser zu Erfrischungszwecken anbot. 1794 dann ließ ein französischer Besatzungsgeneral alle Gebäude durchnummerieren, so bekam das Haus von Wilhelm Mülhens, der Legende nach in der Glockengasse, die Nummer 4711. Ein Hausnummer, die übrigens heute noch gilt! Betritt ruhig einmal das *House of 4711* und erfrisch dich am Kölnisch-Wasser-Brunnen.

RUHEPOL IN DER WELT

Das Bläck Fööss-Lied „... dat Schönste wat mer han ... is unser Veedel" wird bisweilen sogar bei offiziellen

Gedenkveranstaltungen gesungen. Kaum ein anderes Lied bringt die emotionalen Befindlichkeiten der kölschen Seele so präzise auf den Punkt. Die starke Identifikation mit dem Stadtteil, d. h. mit der unmittelbaren Lebensumgebung, bietet für den Kölner einen Ruhepol und mentalen Orientierungsrahmen in einer für ihn sonst unüberschaubaren und stürmischen Welt. Das gilt für ein Villenviertel wie Marienburg ebenso wie für einen ruhigen Vorort wie Dellbrück oder das multikulturelle Eigelsteinviertel.

AUTOBAUER UND KREATIVARBEITER

In der Stadt ist von Kölns Vergangenheit als mächtigem Industriestandort nicht mehr viel zu sehen. Doch nur wenige Kilometer außerhalb stehen in Leverkusen, Hürth oder Wesseling bis heute riesige (Petro-)chemische Anlagen. Und auf Kölner Territorium erinnern immerhin die 1929 ins Leben gerufenen Ford-Werke an die Malochervergangenheit. Mit über 18 000 Beschäftigten sind die Autobauer zugleich der größte Arbeitgeber der Stadt, es folgen die Stadtwerke (inklusive Verkehrsbetriebe 12 400) und der Rewe-Konzern mit 11 500 Angestellten. Nach außen hin rühmt sich die Stadt unverändert gern eher schöngeistiger Betätigungsfelder: So bleibt Köln auch im Zeitalter des niedergehenden Print-Journalismus eine Medienmetropole, damit ist die Stadt auch für die Kreativbranche mit Produktionsfirmen und Internet-Start-ups interessant.

Entlang der Weidengasse im Eigelsteinviertel

LOSS MER SINGE

Mundart-Musik? Muss man nicht mögen. Aber die kölsche Variante ist einen Versuch wert – vor allem, seit nicht mehr nur die alten Haudegen Köln und den Dom besingen. Tatsächlich hat in den vergangenen Jahren eine junge Garde die Bühne betreten: Miljöh feiern die Gaststätte Lommerzheim in Deutz, Kasalla rollen im Gassenhauer „Piraten" den „Pittermann" (ein Zehnliterfässchen Kölsch) an Bord und Cat Ballou bringen mit „Et jitt kei Wood" zum Ausdruck, dass ihnen die Worte fehlen, sobald sie an die Vorzüge ihrer Heimatstadt denken. Es wurde schon altgedientes Thekenpersonal gesichtet, dem dabei die Tränen über die Wangen flossen vor Rührung. Mitverantwortlich für den Boom ist der inoffizielle kölnische Song-Contest *Loss mer singe (lossmersinge.de)*, bei dem jedes Jahr während der Karnevalssession die Lieder mit dem größten Hit-Potenzial gekürt werden.

LEBEN UND LEBEN LASSEN

Intoleranz, Fremdenfeindlichkeit und Hass jedweder Art sind in Köln nicht willkommen. Das hat zuletzt die AfD erfahren, deren Bundesparteitag 2017 von umfangreichen Protesten begleitet wurde. Auch die Initiative „Arsch huh, Zäng ussenander" wendet sich regelmäßig unter großem Zuspruch der Bevölkerung gegen rechte Gesinnung. Nicht zuletzt aufgrund dieser Offenheit hat Köln es auch zu einem bevorzugten Lebensraum für Schwule und Lesben gebracht.

KLISCHEE KISTE

SELBSTBESOFFENHEIT

Köln ist die konkurrenzlos schönste, toleranteste und liebenswerteste Stadt der Welt. Was diese Bewertung betrifft, decken sich die Stammtischgespräche vieler Einheimischer mit dem Liederkanon einschlägig bekannter Mundartbands. Wer das nicht glaubt, sollte sich mal zu vorgerückter Stunde in eine Eckkneipe wagen. Dort kann es wahrhaftig passieren, dass den Tresendamen die Tränen in die Augen schießen, wenn der Schmachtfetzen „Stääne" von den Klüngelköpp aus den Boxen dringt. Unvermeidbare Diagnose: Diese Leute leiden unter Selbstbesoffenheit im Endstadium.

VON KÖLN IN DIE WELT

Kölsch ist ein charakterloses Bier, das aus viel zu kleinen Gläsern getrunken wird. So denken vor allem Bayern gerne über den rheinischen Gerstensaft. Doch weit gefehlt: Während der Name in Deutschland geschützt und die Herstellung hierzulande auf die Region rund um Köln beschränkt ist, vermeldet vor allem das englischsprachige Ausland von Australien bis in die USA einen regelrechten Kölsch-Boom. Dort weiß man die leichte Trinkbarkeit und die Frische des Obergärigen zu schätzen – konsumiert es allerdings aus viel zu großen Gläsern.

Im Alltag hat sich die Formel „Leben und leben lassen" bewährt. Dabei handelt es sich nicht um eine selbstgerechte Floskel, sondern um ein erprobtes Modell. Auf Regulierungen wird in Köln weitgehend verzichtet: Clubs, Bars und Kneipen haben so lange geöffnet, wie es gerade passt. Es ist allgemein üblich, im Park zu grillen. Wer falsch parkt, wird mit meist moderaten Bußgeldern belegt. Und wenn die Nachbarn mal wieder auf voller Lautstärke eine experimentelle Fernsehserie schauen, dann zuckt man unter Verweis auf einen Satz aus dem Kölschen Grundgesetz mit den Schultern: „Jeder Jeck es anders."

Das funktioniert so weit ganz gut – auch weil die Stadt einen Etat für die Reinigung öffentlicher Flächen besitzt. Voraussetzung aber ist und bleibt, dass sich eine sehr große Mehrheit an die ungeschriebenen Regeln hält.

DER KLÜNGEL HAT'S SCHWERER

Was andernorts ganz neutral „Netzwerkbildung" heißt, bezeichnet der Kölner mit feierlichem Unterton als „Klüngel". Damit gehen einige Besonderheiten einher. So neigt der einflussreiche Domstädter zur Bildung von Seilschaften, die als undurchsichtiges Netz von persönlichen Beziehungen zum gegenseitigen Vorteil genügen: Eine Hand wäscht die andere. Diese Neigung ist aufgrund der historischen Entwicklung besonders stark ausgeprägt, denn jahrhundertelang hatte man sich durch die Stadtmauer gegen unerwünschte Einflüsse von außen abgeschottet, war unter sich geblieben. Das nunmehr gültige Gebot zur europaweiten Ausschreibung musste in diesem Licht als kuriose Schikane anmuten.

Nach einer letzten Blüteperiode zu Anfang des neuen Jahrtausends, als der Neubau der Kölner Messegesellschaft und der örtlichen Müllverbrennungsanlage Gegenstand handfester Skandale waren, scheint es der Klüngel im fortschreitenden Zeitalter der Antikorruptionsgesetze schwerer zu haben. Zuletzt jedoch fielen abermals Lokalpolitiker bei dem – zum Teil geglückten – Versuch auf, sich selbst ohne Ausschreibung mit lukrativen Jobs in öffentlichen Einrichtungen zu versorgen.

IRGENDWAS MIT MEDIEN

Die Kölner Kunsthochschule für Medien ist einzigartig in Deutschland, und fast ein Drittel des ARD-Programms kommt aus den hier ansässigen WDR-Studios: so etwa die Kölner „Tatort"-Folgen oder der Seriendauerläufer „Lindenstraße", dessen Handlung in München spielt. Auch manche Krimiszenen mit Münsteraner Ermittlern werden auf Kölner Straßen gedreht. Bei verschiedenen, rund zweistündigen kostenlosen *Führungen (Infos unter short.travel/koe4)* kannst du dir die Studios und Außendrehorte anschauen. Während der WDR rund 3500 der begehrten Arbeitsstellen bietet, sind auch das Deutschlandradio und die RTL-Gruppe in Köln beheimatet.

Prominent: die WDR-Arkaden in der Innenstadt

PROBLEMZONEN

Köln ist eine historisch gewachsene Stadt. Die einzelnen Viertel besitzen einen eigenständigen Charakter – und die Wege von hier nach da sind für eine Millionenstadt angenehm kurz. Ideal also für Radfahrer, Fußgänger und den öffentlichen Nahverkehr. Leider tun sich Politik und Verwaltung schwer, daraus Kapital zu schlagen: Oberste Priorität besitzt in den Planungen nach wie vor das Automobil, das aber vorwiegend von Pendlern und nicht etwa von den Stadtbewohnern benutzt wird. Die freuen sich darüber, dass sich dort, wo früher die Stadtbefestigung stand, heute ein rund 7 km langer Park- und Wiesenstreifen halbkreisförmig entlangzieht: Der *Innere Grüngürtel* schmiegt sich an die Veedel und ist eine Erholungsoase für alle Stadtgeplagten.

Aber ist die autofreie Stadt nun Mehrheitswunsch oder Utopie? Ganz langsam jedenfalls bewegt sich etwas: So wurde die Zülpicher Straße 2016 auf Höhe der Uni-Mensa für Autos komplett gesperrt. Hier kannst du dich zwischen den Studenten zum Mittag- oder Abendessen auf dem Asphalt niederlassen. Auch sollen bis 2027 alle 1400 in der Innenstadt am Straßenrand vorhandenen Parkplätze abgeschafft werden. Nicht zuletzt sind auf den viel befahrenen Ringen die Autos nicht mehr unumstritten. An ausgesuchten Orten gibt es nur noch eine Fahrspur. Viele Kölner sind sich derweil einig, dass sich die Stadt am Umgang mit der Verkehrssituation wird messen lassen müssen: Wird man zum Vorreiter – oder begnügt man sich mit dem Status der Gestrigen?

INSIDER-TIPP
Picknick auf der Straße

SIGHT SEEING

Der Dom, die Altstadt, die romanischen Kirchen, das Rheinufer, die großartigen Museen, die Brauhäuser und der Karneval: Sie alle mögen große Publikumsmagnete sein. Und doch sind die Touristenattraktionen nur eine Seite Kölns, denn die Stadt nimmt selbstbewusst für sich in Anspruch, ebenso hip wie Hamburg oder Berlin zu sein – nur ein bisschen kompakter.

Die Clubs in Ehrenfeld etwa zählen zu den besten Adressen in ganz Europa. Die Bars und Cafés im Belgischen Viertel sind abwechslungsreich und stylish. Außerhalb der Ringe kommt die Einkaufs-

Prachtvoll geschmückte Reliquien in der goldenen Kammer von St. Ursula

landschaft der viertgrößten Stadt Deutschlands auch ohne die global verbreiteten Ketten aus. Stattdessen wandern Vinyl und Vintage-Klamotten über die Ladentheke. Alle neuen Trends werden schnell aufgegriffen, da Köln die Heimat vieler Kreativer und Studenten ist – und nicht selten werden die Trends auch hier gesetzt. Dank all dieser Pluspunkte sind es die Stadtviertel, welche die eigentlichen Sehenswürdigkeiten sind. Dabei ist es von Vorteil, dass Südstadt, Belgisches Viertel, Agnesviertel und Ehrenfeld von der City schnell zu Fuß mit dem Rad oder Bus erreichbar sind.

DIE STADTVIERTEL IM ÜBERBLICK

MARCO POLO HIGHLIGHTS

★ **DOM**
Kölns Wahrzeichen ist längst Unesco-Weltkulturerbe ➤ S. 31

★ **FISCHMARKT**
Schöner Platz mit alten Giebelhäusern und gemütlichen Biergärten ➤ S. 34

★ **MUSEUM LUDWIG**
Drittgrößte Picasso-Sammlung der Welt ➤ S. 30

★ **HISTORISCHES RATHAUS**
Ausdruck stolzen Bürgertums ➤ S. 35

★ **WALLRAF-RICHARTZ-MUSEUM & FONDATION CORBOUD**
Malerei vom Mittelalter bis zum Impressionismus ➤ S. 37

★ **ST. URSULA**
Reichlich gruseliger Ort des mittelalterlichen Reliquienkults ➤ S. 49

★ **KOLUMBA**
Diözesanmuseum des Erzbistums Köln? Klingt nicht sonderlich sexy – der Bau ist aber eine Wucht und die Sammlung interessant ➤ S. 40

★ **BELGISCHES VIERTEL**
Shoppen in eigentümergeführten Boutiquen rund um die Aachener Straße ➤ S. 54

★ **EHRENFELD**
Undergroundig-kreative Clubs im hipsten Stadtviertel ➤ S. 53

★ **RHEINTREPPE**
Nicht nur bei Sonnenuntergang ein Traum-Freiluftplatz ➤ S. 45

★ **INNERER GRÜNGÜRTEL**
Treffpunkt und Oase für alle Stadtgeplagten ➤ S. 55

A57

Venloer Str.
59
Ehrenfeld ★
Subbelrather Straße
Innerer Grüngürtel
Innere Kanalstraße
Hansaring
⦿ Innerer Grüngürtel ★
Hohenzollernring
Magnusstraße
Belgisches Viertel ★
9
Neumarkt
Hiroshima-Nagasaki-Park
Hohenstaufenring
55
Neue Weyerstr.
Sachsenring
Luxembu
Volksgarten
Vorgebirgstraße

ZENTRUM S. 39
Außerhalb der Altstadt, innerhalb der Ringe dominieren Geschäfte und Museen

EIGELSTEINVIERTEL S. 47

Altmodisch, traditionell und manchmal folkloristisch

DEUTZ S. 44

Die „Schäl Sick" bietet den mit Abstand besten Blick auf die Skyline

St. Ursula ★

Dom ★

Museum Ludwig ★

Kolumba ★

Fischmarkt ★

Rheintreppe ★

Historisches Rathaus ★

Wallraf-Richartz-Museum & Fondation Corboud ★

ALTSTADT S. 30

Mit Brauhäusern und engen Gassen ist der historische Kern das touristische Herz

SEVERINSVIERTEL/ SÜDSTADT S. 49

Kölns schicker Süden zieht Hipster und Familien an

Neusser Str.

Zoobrücke

Rheinpark

55a

Turiner Straße

Konrad-Adenauer-Ufer

Deutz-Mülheimer Str.

Opladener Straße

Deutzer Brücke

Am Leystapel

Rhein

Tel-Aviv-Straße

Bayenstraße

Severinsbrücke

Siegburger Straße

Gotenring

Deutzer Friedhof

Poller Wiesen

51

9

400 m
437 yd

ALTSTADT

Verwinkelte Gassen, rustikale Brauhäuser und hübsche Giebelhäuser prägen die Altstadt. So präsentiert sich das Viertel rund um die perfekt proportionierte Kirche Groß St. Martin ziemlich attraktiv.

Touristen, die nach der Bewunderung von Dom und Museen Hunger und Durst stillen wollen, schlendern durch Straßenzüge, die sich im Laufe der Jahrhunderte stetig gewandelt haben: Die Gassen wurden in den 1930er-Jahren gründlich saniert, im Zweiten Weltkrieg völlig zerstört und anschließend wiederaufgebaut. In den 1970ern förderten die Stadtoberen die Entwicklung zum Kneipenviertel – als Pendant zur Düsseldorfer Altstadt mit der angeblich „längsten Theke der Welt".

WOHIN ZUERST?

Dom *(🗺 G4):* Mit der U 5, 16 oder 18 geht es zur Haltestelle Dom/Hbf., mit dem Auto ins Parkhaus am Dom (Einfahrten: Trankgasse oder Ende der Unterführung Am Domhof/Kurt-Hackenberg-Platz) oder ins Parkhaus Dom/Rhein (Einfahrt Große Neugasse). Hier bist du direkt in der Altstadt und im Shoppingviertel, das am Wallrafplatz/Hohe Straße beginnt. Über die Marzellenstraße erreichst du in 7 Min. zu Fuß das Eigelsteinviertel, und über die Hohenzollernbrücke brauchst du vom Dom ca. 10 Min. bis ans Deutzer Rheinufer.

🔲 MUSEUM LUDWIG ★ ☂

Das Museum Ludwig ist das „Flaggschiff" unter den Kölner Museen. Es beherbergt den gesamten städtischen Kunstbesitz aus dem 20. und 21. Jh. Das Sammlerehepaar Irene und Peter Ludwig überließ der Stadt 1968 seine Sammlung mit Werken der Pop-Art. Später holte Peter Ludwig auch kaum bekannte Werke der russischen Avantgarde an den Rhein. Selbst in seinen letzten Lebensjahren spürte Ludwig (er starb 1996) noch in China und Kuba Arbeiten auf, in denen sich die Idee einer „Globalkunst" zeigt – der Ausdruck des gleichen Lebensgefühls junger Künstlergenerationen, ob aus Havanna, Shanghai, Berlin oder New York.

Diesem Programm folgt auch heute die Präsentation der ständigen Ausstellung. Dank einer Schenkung der Witwe (2001) verfügt das Museum über Prunkstücke wie die drittgrößte Picasso-Sammlung der Welt, die du ganz allein bestaunen kannst, wenn du früh am Start bist. Es lohnt sich auch ein Blick zu den Expressionisten mit Ernst Ludwig Kirchner, Max Beckmann u. a., ebenso einer auf die Werke aus der Epoche von Fluxus und Nouveau Réalisme um 1960 (Arman, Yves Klein, Daniel Spoerri u. a.). Die Wechselausstellungen sind oftmals Publikumsmagneten. *Di–So 10–18 Uhr, jeder 1. Do im Monat bis 22 Uhr | Heinrich-Böll-Platz 1 | Eintritt 11 Euro | museum-ludwig.de | Bahnen und Busse: Dom/Hbf. |* ⏱ *3 Std. |* 🗺 *G4*

INSIDER-TIPP
Morgenstunde mit Pablo

2 RÖMISCHES NORDTOR

Am Nordende der Domplatte liegen die Reste des Tors, einst Teil der römischen Stadtmauer. Hier war es wohl schon vor 2000 Jahren zugig, weswegen Schriftsteller Heinrich Böll vermutete, die Wachsoldaten hätten sich hier immer erkältet. *Trankgasse/Domplatte | Bahnen und Busse: Dom/Hbf. | ▭ G4*

3 DOM ★

Zwei Türme von 157 m Höhe, ein mächtiger Körper und die enorme Detailfreudigkeit machen den Kölner Dom zu einem Bauwerk, das jeder einmal gesehen haben muss. Egal ob katholisch oder nicht: Die ganze Stadt identifiziert sich mit ihrem Dom und besingt ihn wenigstens während der Karnevalssession lauthals. Die Kirche wird jährlich von mehr als sechs Millionen Menschen aufgesucht und ist damit eine der meistbesuchten Sehenswürdigkeiten Deutschlands. Seine Existenz verdankt das Bauwerk den Legenden um St. Gereon und St. Ursula, die im frühen Mittelalter den Ruf des „hillige Kölle" (heiliges Köln) als Pilgermetropole begründeten. 1164 gelangten aus Mailand die Gebeine der Heiligen Drei Könige nach Köln, für die man einen Schrein anfertigte. Dafür bedurfte es dann natürlich auch einer angemessenen Kathedrale. 1248 erfolgte die

Feierlicher Gottesdienst im lichten Innenraum des Kölner Doms

Grundsteinlegung. Meister Gerhard, der erste Dombaumeister, favorisierte den hochgotischen Stil französischer Krönungskirchen. Doch der Dom wurde und wurde nicht fertig, und 1560 musste man die Bauarbeiten wegen der Pest und des wirtschaftlichen Niedergangs für mehr als 250 Jahre einstellen. Ausgerechnet die protestantischen Preußen vollendeten den Dom 1880, zu diesem Zeitpunkt war er das höchste Bauwerk der Welt.

Ein modernes Glasfenster stammt aus dem Atelier von Gerhard Richter, der lange in Köln gelebt hat. Die Glasbausteine schillern in der Mittagssonne am schönsten.

INSIDER-TIPP
Ein Mosaik aus 11 500 Quadraten

Beachtenswert sind weiterhin die Gnadenmadonna vor dem Dreikönigsaltar im nördlichen Querschiff und die hölzerne Kanzel von 1544. Am Ende des Chorumgangs steht der Altar der Stadtpatrone St. Ursula und St. Gereon. Das Altarbild hatte Stefan Lochner ursprünglich für die Ratskapelle gemalt. *Nov.–April tgl. 6–19.30, Mai–Okt. tgl. 6–21 Uhr | Führungen Mo–Sa 10.30 (engl.), 11, 12.30, 14, 15.30, So 14, 15.30 Uhr | Preis 7 Euro | Multivision im Cinema-Domforum (gegenüber Westportal): Mo–Sa 12, 13.30, 15, 16.30, So 15, 16.30 Uhr | Eintritt 2 Euro | koelner-dom.de, domforum.de | Bahnen und Busse: Dom/Hbf.*

Der Aufstieg auf den *Domturm (März, April, Okt. tgl. 9–17, Mai–Sept. tgl. 9–18, Nov.–Feb. tgl. 9–16 Uhr | Domkloster 4 | Eintritt 5 Euro)* umfasst 509 Stufen und dauert knapp eine halbe Stunde. Zur Belohnung hast du einen vorzüglichen Ausblick. Die schwere Petersglocke, zu bewundern im Glockenstuhl, wird im Volksmund „dä decke Pitter" genannt. Als sie 1923 in Apolda gegossen wurde, war sie mit 24 t die größte läutbare Glocke der Welt.

Rings um den Dom wurde 1969 nach Plänen des Architekten Fritz Schaller die Domplatte angelegt. Trotz Umgestaltung der Ost- und Nordseite bleibt es ein großes Thema, dass die Bebauung der Dom-Umgebung des Bauwerks nicht würdig sei. Zunehmender Unmut regt sich auch über den Leerstand des einst mondänen Dom-Hotels. 2018 hat ein Abriss bis auf die Fassaden begonnen, ein Termin für die Wiedereröffnung steht noch nicht. Zu den ☎ Konzerten der *Kölner Dommusik (koelner-dommusik.de)* am Dreikönigenschrein ist der Eintritt frei, ebenso zu den Orgelfeierstunden, die von Juni bis Sept. dienstags um 20 Uhr im Dom stattfinden (Kollekte am Ende des Konzerts). ⏱ *2 Std.* | ▭ *G4*

4 RÖMISCHE HAFENSTRASSE

Die Römerstraße am Römisch-Germanischen Museum wurde mit Originalpflastersteinen rekonstruiert. *Roncalliplatz | Ostseite | Bahnen und Busse: Dom/Hbf.* | ▭ *G4*

5 HEINZELMÄNNCHEN-BRUNNEN

Ein typisches Kölner Märchen: Eine Gruppe von Zwergen nahm den zu Faulheit und Verschlafenheit neigen-

ALTSTADT

Komödienstraße
Burgmauer
Tankgasse
3 Dom ★
Am Domhof
Römisches Nordtor 2
1 Museum Ludwig ★
Heinzelmännchen-Brunnen 5
Am Hof
4 Römische Hafenstraße
Große Neugasse
Rheinufertunnel
Tunisstraße
Hohe Straße
Ludwigstraße
6 Praetorium
Mühlengasse
Alter Markt 12
Tünnes-und-Schäl-Denkmal
Time Ride Cologne 11 7
8
Groß St. Martin
9 Fischmarkt ★
Historisches Rathaus ★ 13
Lintgasse
Archäologische Zone/Jüdisches Museum 14
10 Ostermannbrunnen
Herzogstraße
Fastnachtsbrunnen 15 16 Wallraf-Richartz-Museum & Fondation Corboud ★
Buttermarkt
18 Gürzenich
Ruine St. Alban 17
Schildergasse
Große Sandkaul
Heumarkt
Heumarkt
Gürzenichstraße
Heumarkt
Deutzer Brücke
Nord-Süd-Fahrt
Augustinerstr.
Pippinstraße
Heumarkt
Am Leystapel
Cäcilienstraße
22 Römisch-Germanisches Museum
19 St. Maria im Kapitol
Sternengasse
Marienplatz
20 Overstolzenhaus
Filzgraben
Mühlenbach
21 St. Maria Lyskirchen
Rhein

200 m
219 yd

den Stadtbewohnern die Arbeit ab – bis eine neugierige Schneidersfrau Erbsen auf die Treppe streute, um die Heinzelmännchen zu sehen. Nachdem sie die Treppe hinuntergepurzelt waren, verschwanden sie für immer. Der Brunnen stellt die Szene des Märchens von August Kopisch (1836) nach, ihre Symbolik bezieht sich auf die verkrusteten Strukturen des mittelalterlichen Kölns. Erst die napoleo-

nischen Besatzer verpassten Köln um 1800 eine moderne Verwaltung und die Stadt startete in ein neues Zeitalter der Betriebsamkeit und des wirtschaftlichen Aufschwungs. *Am Hof | Bahnen und Busse: Dom/Hbf. | G4*

6 PRAETORIUM

Der römische Statthalter (Praetor) konnte bereits damals im kalten Germanien eine Fußbodenheizung genießen. Das wissen die Kölner seit 1953, als ein Bautrupp seine ehemalige Palastanlage entdeckt hat. Die Arbeiter sollten ursprünglich gegenüber des historischen Rathauses einen Erweiterungsbau errichten. Ihr Fund wurde als sogenannter „Spanischer Bau" gesichert und öffentlich zugänglich gemacht. Wer sich in die Gemächer hinabbegibt, kann auch einen Abwasserkanal aus der Römerzeit begutachten. *Di–So 10–17 Uhr | Kleine Budengasse 2 | Seiteneingang Spanischer Bau | Eintritt 3,50 Euro, Kombiticket mit Römisch-Germanischem Museum 9 Euro | Tel. 0221 22 12 23 94 | museenkoeln.de | Bahnen und Busse: Dom/Hbf., Rathaus | ⏱ 45 Min. | ▦ G5*

7 TÜNNES-UND-SCHÄL-DENK-MAL

Der bauernschlaue Tünnel und der schlitzohrige Schäl gehören zur Kölner Folklore wie der Karneval. Ursprünglich handelte es sich um Charaktere aus dem Hänneschen-Theater. Im Auftrag des kölschen Originals Jupp Engels, der auch die benachbarte Schmitz-Säule stiftete, hat der Bildhauer Ewald Mataré dieses Denkmal geschaffen. Die dicke Nase vom Tünnes ist blank gewienert, denn es soll Glück bringen, daran zu reiben. *Brigittengässchen | Bahnen und Busse: Dom/Hbf., Rathaus | ▦ G5*

8 GROSS ST. MARTIN

Gäbe es nicht den übermächtigen Dom, würde dieses Bauwerk alle Augen auf sich ziehen: Die 1172 geweihte Kirche gilt als formvollendeter Ausdruck romanischer Baukunst. Weithin sichtbar ist der 75 m hohe Vierungsturm, der von vier kleinen Rundtürmen abgeschlossen wird. Groß St. Martin wurde im Zweiten Weltkrieg weitgehend zerstört und unter Federführung des namhaften Kölner Architekten Joachim Schürmann wieder aufgebaut. *Di–Fr 9–19.30, Sa/So 10–19.30 Uhr | romanische-kirchen-koeln.de | Groß St. Martin 9 | Bahnen u. Busse: Dom/Hbf., Rathaus | ⏱ 45 Min. | ▦ G5*

9 FISCHMARKT ★

Die ebenso schmalen wie farbenfrohen Giebelhäuser am Fischmarkt sind eines der schönsten Fotomotive der Altstadt. Wo ab dem 13. Jh. mit vorwiegend aus den Niederlanden kommendem Fisch gehandelt wurde, locken heute die Biergärten. Zwischen der Kirche Groß St. Martin und dem *Rheingarten* steht auch das lang gestreckte *Stapelhaus:* Im Mittelalter mussten alle Rheinschiffer drei Tage vor Köln ankern und ihre Waren im Stapelhaus anbieten. So kontrollierten die Kölner Kaufleute den Rheinhandel. *Bahnen und Busse: Heumarkt | ▦ G5*

10 OSTERMANNBRUNNEN

Willi Ostermann (1876–1936) wird in Köln grenzenlos verehrt: Er schrieb mehr als 100 Heimatlieder und Karnevalsschlager wie „Ich mööch ze Foß noh Kölle jon". Die Lieder sind heute Bestandteil der Kölner DNA. Das Brunnendenkmal (1938) zeigt Figuren aus seinen Liedern. *Ostermannplatz | Bahnen u. Busse: Heumarkt | ▦ G5*

11 TIME RIDE COLOGNE ☂

Virtuelle Reise in das Köln der Kaiserzeit: In einem ausgedienten Straßenbahnwaggon erhalten die Passagiere nach einer multimedialen Einführung eine Virtual-Reality-Brille, die zurück in eine Epoche führt, von der heute nicht mehr allzu viel zu sehen ist. Guter Zeitvertreib bei schlechtem Wetter oder müden Füßen. *Tgl. 10–20 Uhr | Alter Markt 36–42 | Tel. 0221 98 86 63 30 | timeride.de/koeln | Bahnen und Busse: Heumarkt |* ⏱ *50 Min |* 🗺 *G5*

12 ALTER MARKT

Der Alter Markt ist das Herz der Altstadt. Er ist autobefreit und nicht selten in Sonnenschein gehüllt. Unter der Dachrinne des Hauses Nr. 24 streckt dir die Figur des *Kallendresser (Dachrinnenscheißer)* das nackte Gesäß entgegen.

Von den Terrassen der etwas altbackenen Cafés fällt der Blick auf das Rathaus, die „Hüsjer bunt om Aldermaat" (Häuschen bunt am Alter Markt), wie sie in der ortsüblichen Folklore besungen werden, und den Jan-von-Werth-Brunnen (1884). Jan von Werth war ein Bauernbursche, der der Magd Griet nicht fein genug war. Als er am Ende des Dreißigjährigen Krieges als stolzer Reitergeneral in seine Heimatstadt zurückkam, bedauerte die Blumenfrau Griet, ihn nicht geheiratet zu haben. *Bahnen und Busse: Dom/Hbf., Rathaus, Heumarkt |* 🗺 *G5*

13 HISTORISCHES RATHAUS ★

Das Kölner Bürgertum war bereits im Mittelalter ausgesprochen selbst

Dem Tünnes haben schon viele an die dicke Nase gefasst

bewusst. Von diesem Selbstverständnis kannst du dich vor der Fassade des 1414 fertiggestellten, im spätgotischen Stil erbauten Rathausturms überzeugen: Der 61 m hohe Turm sollte nicht weniger Aufmerksamkeit erfahren als die nahe Kirche Groß St. Martin. Und als drastisches Sinnbild des stolzen Bürgersinns streckt an der Rückseite des Gebäudes der sogenannte „Platzjabbeck" dem Betrachter die Zunge heraus. Die Rathauslaube im Renaissance-Stil stammt aus dem Jahr 1573. Am Rathaus haben Archäologen einen sogenannten Porticus gefunden – der mit Rundbögen verzierte Säulengang stammt noch aus dem 1. Jh. Die *Piazetta (Foyerhalle)* ist tagsüber frei zugänglich.

Achtung: Durch die andauernden Ausgrabungen für die Archäologische Zone ist das Rathaus zurzeit leider der Mittelpunkt einer Großbaustelle. Besichtigen kannst du es im Rahmen einer Führung von *Köln Tourismus* (s. S. 126). *Rathausplatz | Bahnen und Busse: Dom/Hbf., Rathaus |* ⏱ *45 Min. |* 🗺 *G5*

🔢 ARCHÄOLOGISCHE ZONE/ JÜDISCHES MUSEUM 🚩

Köln ist mehr als 2000 Jahre alt und die Geschichte vielerorts greifbar. Allerdings wäre es übertrieben zu behaupten, dass die Spuren der Vergangenheit allgegenwärtig sind. Daher ist die Einrichtung der *Archäologischen Zone* eine feine Sache – auch wenn sich die Arbeiten in die Länge ziehen. Kernbestandteil ist eine Ausgrabungsfläche zwischen *Historischem Rathaus*, *Spanischem Bau*, *Duftmuseum Farina* und *Wallraf-Richartz-Museum*. Hier, im Zentrum des ehemaligen jüdischen Viertels, wurden seit 2007 umfangreiche Ausgrabungen durchgeführt. Ein Teil der Fundstücke wird voraussichtlich ab 2019 im neuen *Jüdischen Museum* gezeigt werden.

Lange lief das Prestigeprojekt unter dem Namen Archäologische Zone. Doch seit 2017 nennt sich das Projekt *MiQua* („Museum im Quartier"). Bis all dies fertig ist, haben Besucher die Möglichkeit einzelne Bestandtei-

So allein ist man im Wallraf-Richartz-Museum selten

le zu besichtigen. Besonders beeindruckend ist der ehemalige römische Statthalterpalast *Praetorium* (s. S. 33) aus dem 4. Jh. Aus dessen Vorraum ist auch der ehemalige römische Abwasserkanal zugänglich. Ein zentraler Bestandteil der archäologischen Ausgrabungen ist jedoch zurzeit nicht zu besichtigen: die *Mikwe*, ein jüdisches Kultbad, das vermutlich auf das 12. Jh. zurückgeht. *Infos zum Stand der Dinge auf museenkoeln.de/archaeologische-zone und miqua.blog | Bahnen und Busse: Heumarkt, Rathaus |* ⏱ *30 Min. |* 🗺 *G5*

15 FASTNACHTSBRUNNEN

Nachdem Goethe 1825 den Karneval erlebt hatte, fühlte er sich zu einer Warnung vor allzu großen Ausschweifungen veranlasst: „Löblich ist ein tolles Streben, wenn es kurz ist und mit Sinn …" Diese Inschrift ziert Georg Grasseggers Brunnen (1913) neben Figuren aus Kölns Folklore: die Roten Funken als Stadtsoldaten, die „Hillige Mägde un Knäächte" (heilige Mägde und Knechte), die älteste Tanzgruppe im Karneval, und eine Figur im „Kluten"-Kostüm, der früheren Tracht der Arbeiter am Rheinhafen. *Gülichplatz | karneval.de | Bahnen u. Busse: Heumarkt |* 🗺 *G5*

16 WALLRAF-RICHARTZ-MUSEUM & FONDATION CORBOUD ★

Architektonisch macht das Museum mit einem ebenso modernen wie funktionalen Bau des Kölners Oswald Mathias Ungers (1926–2007) auf sich aufmerksam. ==Der Besuch lohnt sich u. a. für den van Gogh und den tollen Ausblick auf Kölns Wahrzeichen.== Die Sammlung des Museums umfasst mit Kunst vom Mittelalter bis zum Impressionismus viele Epochen, darunter Rembrandts Selbstbildnis im Alter (um 1668). Publikumsträchtiges Highlight ist die dicht gehängte Abteilung für Impressionismus mit Werken von Claude Monet, van Goghs „Zugbrücke" bis hin zu Lovis Corinth. *Di–So 10–18, 1. u. 3. Do im Monat 10–22 Uhr | Obenmarspforten (Am Kölner Rathaus) | 9 Euro, die Eintrittspreise für Sonderausstellungen variieren | wallraf. museum | Bahnen und Busse: Dom/ Hbf., Heumarkt oder Rathaus |* ⏱ *2 Std. |* 🗺 *G5*

> **INSIDER-TIPP**
> Innen Kunst, außen Dompanorama

17 RUINE ST. ALBAN

Von einer der ältesten Pfarrkirchen ist seit 1945 nur eine Ruine übrig. Mit der Kopie der Skulptur „Trauerndes Elternpaar" von Käthe Kollwitz (1931) im Innenhof ist sie heute Gedenkstätte für die Toten der Weltkriege. *Quatermarkt 4 | Bahnen und Busse: Heumarkt | ⊞ G5*

18 GÜRZENICH

Der Gürzenich ist heute vor allem dafür bekannt, dass hier das Kölner Dreigestirn inthronisiert wird. Ursprünglich aber wurde es zu Ehren anderer Würdenträger gebaut. So wurden im Mittelalter die Kaiser im 70 km entfernten Aachen gekrönt, um anschließend oft in Köln Station zu machen. Zu ihrem Empfang benötigte die Stadt ein angemessenes Festhaus, und so beschloss der Rat 1437 den Bau eines prächtigen Bankett- und Tanzsaals für 4000 Gäste. Später diente der Bau als Waren- und Lagerhaus. Erst seit dem 19. Jh. wird er wieder als Konzert- und Ballhaus genutzt. *Martinstr. 29–31/Quatermarkt | Bahnen und Busse: Heumarkt | ⊞ G5*

19 ST. MARIA IM KAPITOL

Eine Pause von der Großstadt gefällig? Da bietet sich ein Besuch dieser herrlichen romanischen Kirche an. ==Genieß für einen Moment die Stille im zauberhaften Rosengarten am Kreuzgang der Kirche.== Der 1065 geweihte Bau gilt wegen seines Grundrisses (Dreikonchenchor) und seiner Mi-

INSIDER-TIPP
Auszeit von der Großstadt

schung aus Zentralbau und Langhausbasilika als einzigartig. Als bauliches Vorbild diente die Geburtskirche in Bethlehem. *Mo–Sa 10–18, So 13–18 Uhr | Kasinostr. 6 | romanische-kirchen-koeln.de | Bahnen und Busse: Heumarkt | ⊙ 1 Std. | ⊞ G5*

20 OVERSTOLZENHAUS

Der Standort der Kunsthochschule für Medien ist das älteste noch genutzte Haus der Stadt und wurde 1230 von der Weinhändlerfamilie Overstolz errichtet. Mit seinem Stufengiebel ist es zugleich das einzige erhaltene Patrizierhaus im romanischen Stil. *Rheingasse 8 | Bahnen und Busse: Heumarkt | ⊞ G5*

21 ST. MARIA LYSKIRCHEN

An der Außenwand erinnert eine Markierung an den Stand des Rekordhochwassers von 1784. Sie befindet sich hoch über dem Portal – eine furchterregende Vorstellung. Ein Besuch des Inneren der Kirche, die 984 zum ersten Mal urkundlich erwähnt wird, lohnt sich: Die Gewölbe sind so erhaben, wie die Wandmalereien mit biblischen Szenen schön sind. Manchmal ist man als Besucher allein. *Mo–Sa 10–18, So 10–16 Uhr | An Lyskirchen 8 | romanische-kirchen-koeln.de | Bahnen und Busse: Heumarkt | ⊙ 30 Min. | ⊞ G5–6*

22 RÖMISCH-GERMANISCHES MUSEUM

Das Römisch-Germanische Museum ist bis 2024/2025 wegen einer umfassenden Sanierung geschlossen. Eine Auswahl der wichtigsten Exponata-

Wer shoppen will, geht in die Schildergasse

te wird bis dahin im ungleich kleineren *Belgischen Haus* zu sehen sein. Die einzigartige Sammlung besteht aus archäologischen Fundstücken, die aus Kölns römischer Gründungszeit zutage gefördert wurden. *Di–So 10–17, jeden 1. Do im Monat bis 22 Uhr | Belgisches Haus | Cäcilienstraße 46 | Eintritt 6,50 Euro | museen koeln.de | Bahnen und Busse: Neumarkt | ⏱ 2 Std. | 🗺 F5*

ZENTRUM

„Ich fahre in die Stadt", sagen die Alteingesessenen in Nippes und Ehrenfeld noch heute, wenn sie sich zum Einkaufen ins Stadtzentrum aufmachen.

Unter „Zentrum" verstehen die Kölner das mittelalterliche Territorium zwischen Rhein und Ringen. Das Gebiet wird kreuzförmig durch zwei Achsen geteilt: Die römische Heerstraße von Bonn nach Neuss verläuft zwischen Eigelsteintor und Severinstor in der Richtung von Norden nach Süden. Hahnenstraße, Neumarkt und Schildergasse bilden die Ost-West-Achse. Auf der Schildergasse waren im Mittelalter die Schildermaler ansässig.

23 KULTURZENTRUM NEUMARKT ☂

Wer sich für die kulturelle Vielfalt unseres Planeten interessiert, ist hier richtig. Der 2010 eröffnete Bau vereint das *Rautenstrauch-Joest-Museum* für die Kulturen der Welt mit dem

Schnütgen-Museum für sakrale Kunst. Fulminanter Auftakt ist ein 7 m hoher Reissspeicher aus Indonesien, der im Foyer des Rautenstrauch-Joest-Museum alle Blicke auf sich zieht. Die anderen Ausstellungsstücke sind in zwölf Themenschwerpunkten wie „Wohnen", „Religion" oder „Klischee und Vorurteil" zusammengefasst.

Ein gläserner Durchgang verbindet den Hauptbau mit dem Schnütgen-Museum in der benachbarten Cäcilienkirche. Die Schausammlung ist eine einzige Schatzkammer mit Holz- und Steinskulpturen, kostbaren Schnitzaltären, Textilien sowie sehr feinen Metallarbeiten aus Gold, Silber und Bronze. Elfenbeinschnitzereien, Glasmalereien, romanische und gotische Bauplastik, Hinterglasmalerei und großformatige Kirchenmöbel runden das Portfolio ab. *Di–So 10–18, Do 10–20, 1. Do im Monat bis 22 Uhr | Cäcilienstr. 29–33 | Eintritt Rautenstrauch-Joest-Museum 7 Euro, Schnütgen-Museum 6, Kombiticket für beide Museen 10 Euro | museenkoeln.de | Bahnen und Busse: Neumarkt | ◷ 2 Std. | ▥ F5*

24 KOLUMBA ★

Das Museum des Erzbistums Köln ist vor allem für seine Architektur bekannt: Der Schweizer Peter Zumthor hat einen spektakulär gradlinigen Bau errichtet, der römische und gotische Vorgängerbauten integriert. Dazu gehört auch eine Beichtkapelle, die einer der beliebtesten Andachtsräume der Stadt ist. Ge-

INSIDER-TIPP
Ein Ort erhabener Ruhe

schaffen hat sie Gottfried Böhm nach dem Zweiten Weltkrieg. Der Kölner Baumeister ist bis heute Deutschlands einziger Träger des Pritzker-Preises, eine Art Nobelpreis für Architekten. Das Museum selbst zeigt keineswegs nur Sakralkunst und deckt von der Antike bis zur zeitgenössischen Kunst alle Epochen ab. Die Exponate der Dauerausstellung werden regelmäßig ausgetauscht. *Mi–Mo 12–17 Uhr | Kolumbastr. 2–4 | Eintritt 5 Euro | kolumba.de | Bahnen und Busse: Dom/Hbf. | ▥ F5*

25 MUSEUM FÜR ANGEWANDTE KUNST

Die gut präsentierte Sammlung zeigt, wie Kunst und Design unser Leben vom Mittelalter bis zur Gegenwart beeinflusst haben: Der Fundus umfasst u. a. Jugendstilporzellan und Hochzeitskleider aus den 1930er-Jahren, dazu kommen Möbel, Zinn und Fernsehapparate. Oft sehenswerte Sonderausstellungen vor allem zu popkulturellen Themen. Im Innenhof kannst du von der Außenwelt ungestört einen Kaffee trinken. *Di–So 10–19, 1. Do im Monat bis 22 Uhr | An der Rechtschule | Eintritt 6, mit Sonderausstellung 10 Euro | museenkoeln. de | Bahnen und Busse: Dom/Hbf. | ◷ 2 Std. | ▥ F4–5*

INSIDER-TIPP
Zeit für eine Kaffeepause

26 EL-DE-HAUS

Der Keller mit den Gefängniszellen ist eine Erinnerung an schreckliche Zeiten: In der Nazizeit folterte die Gestapo hier Inhaftierte. Die Wandinschriften

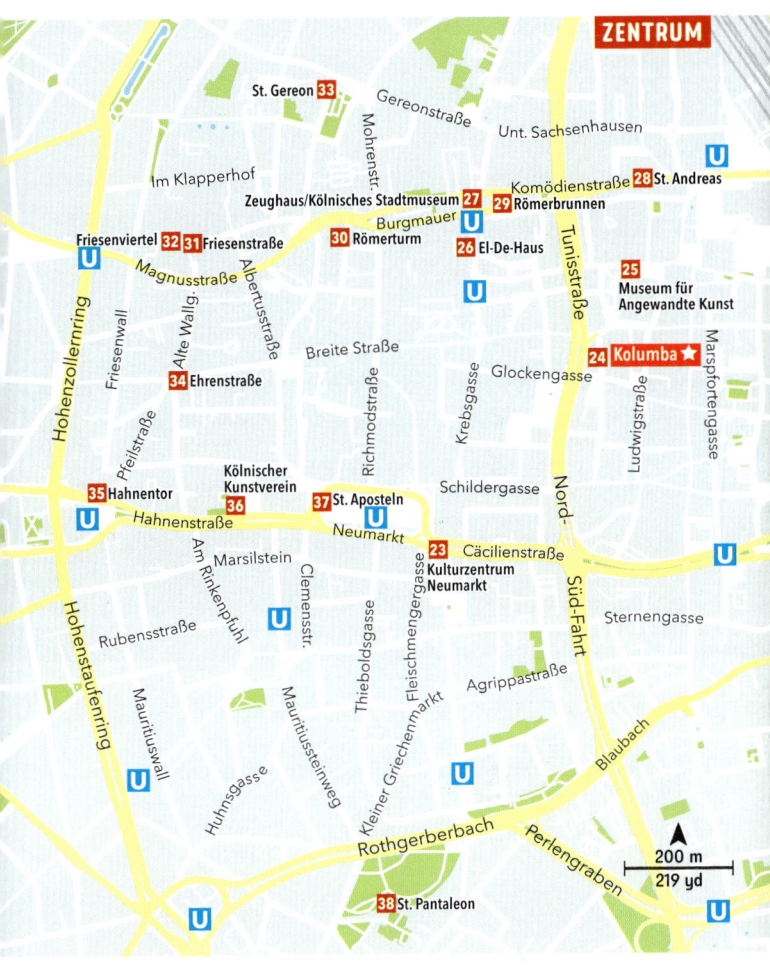

ZENTRUM

St. Gereon **33**
Gereonstraße
Unt. Sachsenhausen
Im Klapperhof
Mohrenstr.
Zeughaus/Kölnisches Stadtmuseum **27**
Komödienstraße **28** St. Andreas
29 Römerbrunnen
Burgmauer
Friesenviertel **32 31** Friesenstraße
30 Römerturm
26 El-De-Haus
Tunisstraße
Magnusstraße
Albertusstraße
Alte Wallg.
25
Museum für
Angewandte Kunst
Friesenwall
Hohenzollernring
Pfeilstraße
Breite Straße
24 Kolumba ★
Glockengasse
Marspfortengasse
Ludwigstraße
Krebsgasse
Richmodstraße
34 Ehrenstraße
Kölnischer
Kunstverein
35 Hahnentor
36
37 St. Aposteln
Schildergasse
Hahnenstraße
Neumarkt
Marsilstein
23 Cäcilienstraße
Kulturzentrum
Neumarkt
Nord-
Süd-Fahrt
Sternengasse
Am Rinkenpfühl
Clemensstr.
Thieboldsgasse
Fleischmengergasse
Agrippastraße
Hohenstaufenring
Rubensstraße
Mauritiussteinweg
Mauritiuswall
Kleiner Griechenmarkt
Blaubach
Huhnsgasse
Rothgerberbach
Perlengraben
200 m
219 yd
38 St. Pantaleon

dokumentieren deren Leiden. Regelmäßig gibt es Wechselausstellungen zum Thema „Köln in der Nazizeit". *Di–Fr 10–18, Sa/So 11–18, erster Do im Monat bis 22 Uhr | Appellhofplatz 23–25 | Eintritt 4,50 Euro, Termine für Führungen (nur für geschlossene Gruppen) auf der Website, Voranmeldung erforderlich Tel. 0221 22 12 63 31 |* museenkoeln.de/ns-dokumentationszentrum | Bahnen und Busse: Appellhofplatz | ⏱ 1,5 Std. | ▭ *F4*

27 ZEUGHAUS/KÖLNISCHES STADTMUSEUM

Seit 1600 war das Zeughaus das Rüstungs- und Waffenarsenal der freien Reichsstadt. Heute dokumentiert dort

Eindrucksvolle romanische Kirche mit römischem Mauerwerk: St. Gereon

das Stadtmuseum die Geschichte Kölns seit dem Mittelalter. Auf dem Turm steht ein goldenes Flügelauto, eine Skulptur von HA Schult (1989). *Di 10–20, Mi–So 10–17 Uhr | Zeughausstr. 1–3 | Eintritt 5 Euro | museenkoeln.de | Bahnen und Busse: Appellhofplatz |* ⏱ *1 Std. |* ▢ *F4*

㉘ ST. ANDREAS

Wenig behutsam sind die Stadtplaner mit dem Umfeld der romanischen Kirche aus dem 13. Jh. umgegangen. So geht sie inmitten der brachialen Architektur des Bahnhofsumfelds ein wenig unter. Die neuen Fenster allerdings wecken zunehmende Neugier, denn sie stammen vom exzentrischen Malerfürs-

ten Markus Lüpertz. Teile der Krypta stammen aus dem 11. Jh., in ihr ruht der Sarkophag mit den Gebeinen des Heiligen Albertus Magnus. *Mo-Fr 7.30–18, Sa/So 8–18 Uhr | Komödienstr. 4–8 | romanische-kirchen-koeln.de | Bahnen und Busse: Dom/Hbf. |* ⏱ *30 Min. |* ▢ *F4*

㉙ RÖMERBRUNNEN

Franz Brantzky schuf 1915 diesen Brunnen. Er zeigt Motive aus der römischen Geschichte auf Relieftafeln und die kapitolinische Wölfin, die der Legende zufolge Romulus und Remus gesäugt hat, auf einer Säule. *Zwischen Burgmauer u. Komödienstr. | Bahnen u. Busse: Appellhofplatz |* ▢ *F4*

30 RÖMERTURM

Der Eckturm der römischen Stadtmauer mit dem Mosaik aus Natursteinen wirkt im Köln der Gegenwart ein wenig verloren. Doch der ca. 50 n. Chr. entstandene Bau ist durchaus einen Blick wert. *St.-Apern-Str./Zeughausstr. | Bahnen und Busse: Appellhofplatz | E4*

31 FRIESENSTRASSE

Am Wochenende mag das Partyvolk aus dem Umland in Traditionsadressen wie das „Klein Köln" einfallen. Von Cocktailbars über Restaurants bis hin zu Kiosken aber werden immer wieder neue Akzente gesetzt. Manchmal ist es hier so voll, dass für Fahrzeuge kein Durchkommen ist. *Bahnen und Busse: Friesenplatz | E4*

32 FRIESENVIERTEL

Zwischen 1945 und 1953 entstanden die repräsentativen Bauten des Gerling-Konzerns, die inzwischen zu einem exklusiven Wohn- und Büroviertel umgestaltet wurden. Seit der Eröffnung des hippen Hotels 25 Hours mit der *Monkey Bar* und dem *Restaurant Neni (Im Klapperhof 22–24)* fremdeln die Kölner auch nicht mehr so mit dem Areal. Seitdem bewegen sie sich auch von der nur einen Block entfernten Friesenstraße hinüber, wo schicke Cocktailbars, Szenebistros, Sushi-Imbisse gemeinsam mit dem Brauhaus eine feuchtfröhliche Allianz bilden. *Bahnen und Busse: Friesenplatz | E4*

33 ST. GEREON

Viele Kölner nehmen ihre Gegenwart gleichgültig zur Kenntnis. Dabei sind die romanischen Kirchen ein einzigartiges Kulturgut. Dies beweist auch der mächtige Bau von St. Gereon aus dem 12. Jh. mit seinem sehenswerten Fußbodenmosaik. *Vorhalle tgl. 9–18 Uhr, Kirche Di–Fr 10–12 u. 15–17, Sa 10–12 Uhr | Gereonsdriesch 4 | romanische-kirchen-koeln.de | U 12, 15 Christophstraße/Mediapark | 30 Min. | F4*

34 EHRENSTRASSE

Zwar müssen die kleinen Boutiquen immer mehr den Niederlassungen großer Ketten weichen. Dennoch bleibt die Ehrenstraße die beliebteste Einkaufsstraße der City. Fashion-Fans erkennen auf Anhieb, dass sich hier vor allem jene Ketten eingerichtet haben, die nur in ausgesuchten Metropolen

Filialen betreiben; vor allem samstags spielt sich das „Sehen und Gesehen werden"-Ritual ab. Leider hat es die Stadt immer noch nicht gewagt, die Autos auszuquartieren. *Bahnen und Busse: Neumarkt, Rudolfplatz, Friesenplatz |* 🚋 *E–F5*

35 HAHNENTOR

Das typische Doppelturmtor ist neben Eigelstein- und Severinstor das dritte erhaltene mittelalterliche Stadttor. Nachdem die völlig deplatzierte Fußgängerbrücke zu den mittlerweile abgerissenen Bürobauten auf dem Rudolfplatz Geschichte ist, ist es nunmehr ein an der Ostfassade klebender Raum in Form eines Würfels, der für Irritation sorgt. *Rudolfplatz/An d'r Hahnepooz | Bahnen und Busse: Rudolfplatz |* 🚋 *E5*

36 KÖLNISCHER KUNSTVEREIN

Im Ausstellungsraum des Vereins inszenieren zumeist jüngere Künstler ihre experimentellen Rauminstallationen. Oft wird auch ein Film-Beiprogramm im zugehörigen Kinosaal geboten. *Di–So 11–18 Uhr | Hahnenstr. 6 | Eintritt 4 Euro | Tel. 0221 21 70 21 | koelnischerkunstverein.de | Bahnen und Busse: Neumarkt |* ⏱ *1 Std. |* 🚋 *E5*

37 ST. APOSTELN

Alle reden immer vom Dom, doch dieser 1030 vollendete Bau ist kaum weniger beeindruckend. Mit seinem 66 m hohen Turm genügt er auch fast 1000 Jahre später höchsten ästhetischen Ansprüchen. Den Anbau der Werktagskapelle von 1956 schmückt das Apostelnfenster des Bildhauers Ludwig Gies, der auch für den Bonner Bundestag die berühmte Bundesadler-Skulptur entwarf. An der Nordseite der Kirche steht das *Adenauer-Denkmal.* Konrad Adenauer war 1917 bis 1933 und für einige Monate 1945 Kölner Oberbürgermeister. *Tgl. 10–13 u. 14–17 Uhr | Apostelnkloster 10 | romanische-kirchen-koeln.de | Bahnen und Busse: Neumarkt |* ⏱ *30 Min. |* 🚋 *E5*

38 ST. PANTALEON

Die älteste romanische Kirche der Stadt liegt etwas versteckt im touristischen Niemandsland. Doch der Weg hierhin lohnt sich: Der Bau aus dem 11. Jh. mit seinen beiden Rundtürmen ist entzückend. Wenn die Kirche bei Dunkelheit angestrahlt wird, ist der kleine Park mit den wenigen Bänken der vielleicht hübscheste Flecken der Stadt. *Mo–Fr 9–12 u. 12.45–17, Sa 9–17, So 12.30–17 Uhr | Am Pantaleonsberg 12 | romanische-kirchen-koeln.de | Bahnen und Busse: Poststraße |* ⏱ *30 Min. |* 🚋 *F6*

INSIDER-TIPP
Romantisch romanisch

DEUTZ

Die Deutzer Rheinseite beherbergt mit Messe, Lanxess Arena, Verwaltungsrathaus und dem Triangle-Gebäude wichtige Einrichtungen. Auch der neu gebaute Rheinboulevard ist gelungen. Das ändert aber nichts daran, dass die Kölner das

östliche Rheinufer liebevoll und ein klein wenig herablassend als „Schäl Sick" bezeichnen, womit sie „falsche Seite" meinen. Doch lass dich nicht täuschen: Von der Deutzer Seite aus hast du den besten Blick auf den Dom und die Altstadt. An der Stelle der heutigen Deutzer Brücke hatten die Römer bereits um das Jahr 310 eine Pontonbrücke aus Holz installiert. Zu ihrer Sicherung errichteten sie am rechten Rheinufer das Kastell Divitia. Dessen Überbleibsel wurden jedoch angesichts der Vielzahl römischer Relikte nicht für wert befunden, sie aus dem Erdreich freizusetzen.

39 RHEINBOULEVARD

Das Deutzer Rheinufer zwischen Rheinpark und Poller Wiesen erstrahlt seit 2016 in neuem Glanz. Erst wird flaniert, dann fordert die ⭐ *Rheintreppe* mit ihrem Premiumblick auf Dom, Fluss und Altstadt ausdrücklich zum Verbleib auf. Catering gibt's bei den zwei neu eröffneten Lokalen des Hyatt Hotels. *Kennedy-Ufer | Bahnen und Busse: Bf. Deutz/Messe | 🖽 H4–6*

40 KÖLN TRIANGLE

Der Aufzug katapultiert dich binnen einer halben Minute in die 28. Etage. Dann führen weitere 29 Stufen auf die Aussichtsplattform in 103 m Höhe. Sie erlaubt bei klarem Wetter eine atemberaubende Aussicht auf den Dom, die bis weit ins Bergische Land und auf den Höhenzug des Vorgebirges reicht. *Okt.–April Mo–Fr 12–20, Sa/So 10–20, Mai–Sept. Mo–Fr 11–23, Sa/So 10–23 Uhr | Ottoplatz 1 | Eintritt*

Rheinboulevard mit Sommerflair

DEUTZ

43 Rheinpark

Rheinpark

Zoobrücke

Auenweg

Rhein

42 km 689 Cologne Beach Club

Tanzbrunnen
Köln

Straße

Messe-
kreisel

Rheinparkweg

Kennedy-Ufer

Auenweg

Barmer Straße

Deutz Mühlheimer-

Charles-de-Gaulle-Pl.

40 Köln Triangle

Herm.-Pünder-Str.

39 Rheinboulevard

📍 **Rheintreppe** ★

Opladener Straße

Constantin-

Willy-Brand-
Platz

Lanxess Arena **41**

Urbanstr.

Siegesstraße

Neuhöfferstraße

Justinianstr.

straße

Deutz-Kalker-Straße

Friedhof

200 m
219 yd

---

3 Euro | koelntriangle.de | Bahnen und Busse: Bf. Deutz/Messe | 🗺 H4

41 LANXESS ARENA

Deutschlands größte Halle für Konzerte, Sport, Shows und Partys bietet 20 000 Zuschauern Platz und ist die regelmäßige Spielstätte der Kölner Haie. *Willy-Brandt-Platz 3 | Ticket Hotline Tel. 0221 80 20 oder 0221 28 01 | lanxess-arena.de | Bahnen und Busse: Deutz/Kölnarena |* 🗺 *J5*

42 KM 689 COLOGNE BEACH CLUB

„Dä einzige Strandclub met Blick op dä Dom" singen die Paveier, eine kölsche Band. Unterhalb des Tanzbrunnens kannst du auf weichem Sand wie am Meer relaxen. Entsprechend erleichtert reagierten viele Kölner, als der 2019 auslaufende Pachtvertrag verlängert wurde. *Mai–Sept. Fr–So ab 12 Uhr und zu Events | Rheinpark | Eintritt frei | km689.rhein-terrassen.de | Bahnen und Busse: Bf. Deutz/Messe |* 🗺 *H4*

43 RHEINPARK

Der Rheinpark wurde 1957 anlässlich der Bundesgartenschau eröffnet. Die mit großflächigen Blumenbeeten geschmückte Grünfläche ist an sonnenüberströmten Tagen proppenvoll. Kleinkinder haben ihren Spaß auf einer Schmalspurbahn, Wellnessfans wissen die Vorzüge der Claudius-Thermen mit 30 Grad heißem Wasser zu schätzen. Von hier kannst du ebenso bequem wie spektakulär zum Zoo auf die andere Rheinseite fahren: mit der Seilbahn (Mitte März–Anfang Nov. tgl. 10–18 Uhr | 4,80 Euro | koelner-seilbahn.de). Bahnen und Busse: Bf. Deutz/Messe | ⚹ H3–4

INSIDER-TIPP
Hoch über dem Rhein

hieß. Während der französischen Besatzungszeit (1794–1814) wurde es zur Porte d'Aigle, um dann zu „Eigel" eingedeutscht zu werden. Wer im Ersten Weltkrieg seinen Trauring zum Einschmelzen spendete, durfte einen Nagel in die Skulptur des „Kölsche Boor" (Kölner Bauer) schlagen, der die Wehrhaftigkeit der Stadt verkörperte. Am linken Turm kannst du immer noch ein Relief dieses mittelalterlichen Bauern sehen. Die Inschrift belegt, dass er in späteren Epochen zum Symbol der Reichstreue umgedeutet wurde: „Halt fass am Rich do kölsche Boor, loss et nit fall ov söös ov soor" (Halt fest am Reich, du kölscher Bauer, lass es nicht fallen, ob die Zeiten süß oder sauer sind). *Eigelstein | Bahnen und Busse: Ebertplatz | ⚹ G3*

EIGELSTEIN- VIERTEL

Kölsch und Kebap, Kaschemmen und Gourmetlokale, kölsche Brauhäuser und Szene-Bistros existieren hier friedlich nebeneinander.
Und manch düstere Ecken am Bahndamm dienen schon mal als Drehortkulisse für eine „Tatort"-Folge.

44 EIGELSTEINTORBURG

Als Napoleon einst in Köln einmarschierte, ließ er es sich nicht nehmen, durch die Eigelsteintorburg einzureiten. Das ist nur eine Episode aus der reichen Geschichte des Stadttors, das ursprünglich einmal „Adlerpforte"

In der Kölnarena spielen die ganz Großen

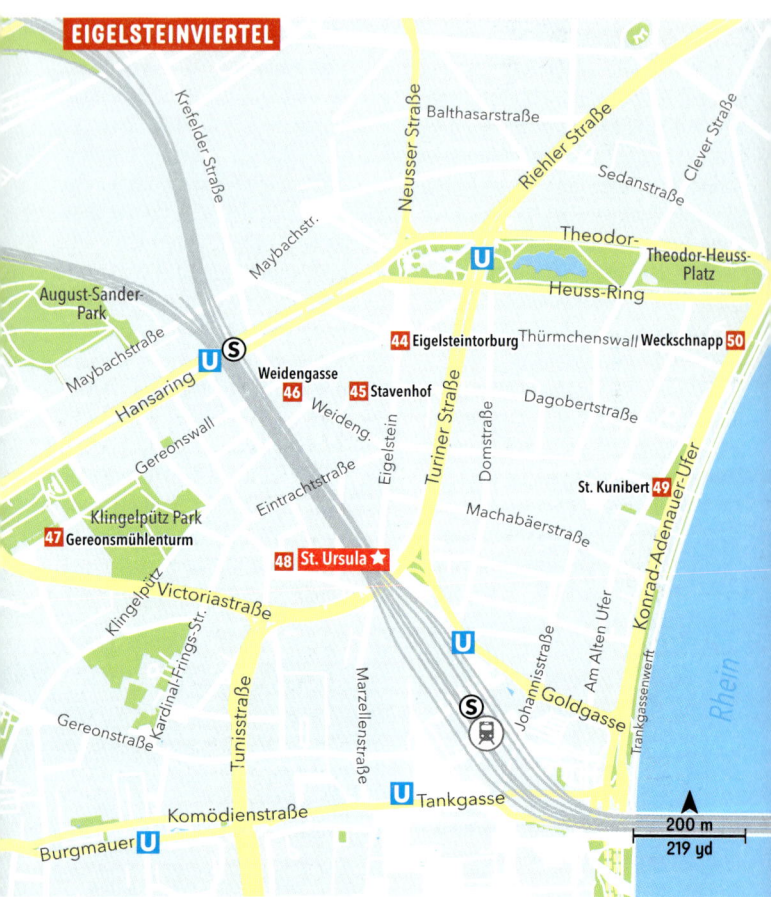

45 STAVENHOF

Die Gasse war lange der Sündenpfuhl schlechthin. Doch wo einst Prostitution und Kriminalität regierten, erstreckt sich nun eine der wenigen romantischen Straßen der Stadt. **Besonders malerisch im schummrigen Licht der Dämmerung.**

INSIDER-TIPP
Zwielichtig und schön

Im Stavenhof | Bahnen und Busse: Ebertplatz od. Hansaring | 🗺 F3

46 WEIDENGASSE

Du magst es bunt? Dann ab in die Weidengasse, wo kölsche Trödellläden und türkische Lamm-Metzgereien in direkter Nachbarschaft existieren. Dass Stadtsanierung auch zu einem soziokulturellen Wandel führt, sieht man an der alteingesessenen ehemaligen Scherenschleiferei, die heute teure Gourmet-Küchenmesser anbietet. *Bahnen und Busse: Ebertplatz | 🗺 F3*

47 GEREONSMÜHLENTURM

An dieser Stelle des Gereonswalls steht ein Originalteil der mittelalterlichen Stadtmauer. Der Mühlenturm wird für Partys genutzt. *Gereonswall | Bahnen und Busse: Hansaring | ▥ F4*

48 ST. URSULA ★

Hast du mal einen Blick auf das Kölner Stadtwappen geworfen und dich gefragt, wofür die elf schwarzen Flammen stehen? Nun, es handelt sich um einen Verweis auf die britische Königstochter Ursula und ihr Gefolge von elftausend Jungfrauen. Der Legende nach sind sie von den Hunnen hingemetzelt worden, als diese Köln belagerten. In der Goldenen Kammer werden die Gebeine der Hl. Ursula und andere Reliquien aufbewahrt. *Kirche und Goldene Kammer: Di–So 15–17, Sa auch 10–12 Uhr | Tel. 0221 7 88 07 50 | Ursulaplatz 30 | romanische-kirchen-koeln.de | Bahnen und Busse: Dom/Hbf. | ⏱ 30 Min. | ▥ F4*

49 ST. KUNIBERT

Der prächtige Sakralbau, vom Deutzer Rheinufer weithin sichtbar, wurde 1247 geweiht und ist die letzte Kirche aus der romanischen Epoche. *Tgl. 10–18 Uhr | Kunibertskloster 6 | romanische-kirchen-koeln.de | Bahnen und Busse: Breslauer Platz | ⏱ 30 Min. | ▥ G4*

50 WECKSCHNAPP

Das Türmchen diente im Mittelalter als Gefängnis. Wenn die Insassen etwas zu essen haben wollten, mussten sie nach einer „Weck schnappen", die man an einer Schnur baumeln ließ. *Konrad-Adenauer-Ufer 73 | weckschnapp. de | Bahnen und Busse: Ebertplatz | ▥ G3*

SEVERINSVIERTEL/ SÜDSTADT

Die Südstadt ist ein lebensfreudiges Veedel abseits der City. Die gründerzeitliche Bebauung ist in vielen Straßenzügen noch weitgehend intakt. Die Bevölkerung ist bunt gemischt: in die Jahre gekommene Ex-Hausbesetzer neben grün-alternativen Akademikern, Künstler, dazu kölsche Arbeiterfamilien und türkische Gemüsehändler.

Rund um die Südstadt kursieren viele Geschichten: Die Kneipe *Früh em Veedel* etwa heißt im Volksmund „Invalidendom", weil sich hier nach dem Ersten Weltkrieg die Veteranen trafen. Wenn du den urtümlichen Straßenkarneval erleben willst, dann musst du an Weiberfastnacht zum Plätzchen *An der Eiche* oder zum *Severinskirchplatz* (▥ G7) kommen.

INSIDER-TIPP
Närrische Tage wie anno dazumal

51 SCHOKOLADENMUSEUM ☻

Ein Gewächshaus für Kakao, ein nie versiegender Schokoladenbrunnen, allerlei Apparaturen zur Herstellung und Verfeinerung der Ware – und natürlich eine Probierstube. Mit diesen Vorzügen hat es das mittlerweile zum Lindt-Konzern gehörende Schokoladenmuseum zum Publikumsfavoriten gebracht.

INSIDER-TIPP
Süße Aussichten

Die Außentreppe hinauf aufs Dach erlaubt einen vorzüglichen Rundumblick auf Rhein, Dom und Altstadt. *Di–Fr 10–18, So 11–19 Uhr | Rheinauhafen 1a | Eintritt 11,50 Euro | schokoladenmuseum. de | Bahnen und Busse: Heumarkt, U 3, 4 Severinstraße, Bus 106 Schokoladenmuseum |* ⏱ *2 Std. |* 🗺 *G6*

Der Rheinauhafen ist zum beliebten Ausflugsziel geworden

52 DEUTSCHES SPORT- UND OLYMPIAMUSEUM

Unterhaltsames Ausstellungshaus zur Geschichte der deutschen Olympioniken und anderer Sportler. Zu den Exponaten gehören ein von Boris Becker zertrümmerter Tennisschläger und die Schuhe des Formel-1-Weltmeisters Michael Schumacher. Du kannst auch deine eigenen Fähigkeiten auf die Probe stellen, z.B. an einem Boxsack, auf einem Fahrrad im Windkanal oder

INSIDER-TIPP
Himmlischer Kick

auf dem Dach, wo du dich auf Kölns höchstgelegenem Fußballplatz mit dem Ball austoben kannst. *Di–Fr 9–18, Sa, So 11–19 Uhr | Rheinauhafen 1 | Eintritt 6 Euro | Führungen für Gruppen Tel. 0221 33 60 90 | sportmuseum.info | Bahnen und Busse: Heumarkt | U 3, 4 Severinstraße |* ⏱ *1,5 Std. |* 🗺 *G6*

53 RHEINAUHAFEN

Der einstige Preußische See- und Zollhafen wird heute nur noch von Yachten angelaufen. Ringsherum haben sich im gelungensten Bauensemble der jüngeren Vergangenheit Museen, Galerien und Restaurants niedergelassen. Der Biergarten der *Hafenterrasse am Malakoffturm* (1855) gestattet einen schönen Ausblick auf die alte Drehbrücke und das Schokoladenmuseum. *Holzmarkt | Busse 132, 133, U 3, 4 Severinstraße |* 🗺 *G6*

54 BAYENTURM

Dieser Turm war der Außenposten der mittelalterlichen Stadtmauer, die sich halbkreisförmig bis zur *Weck-*

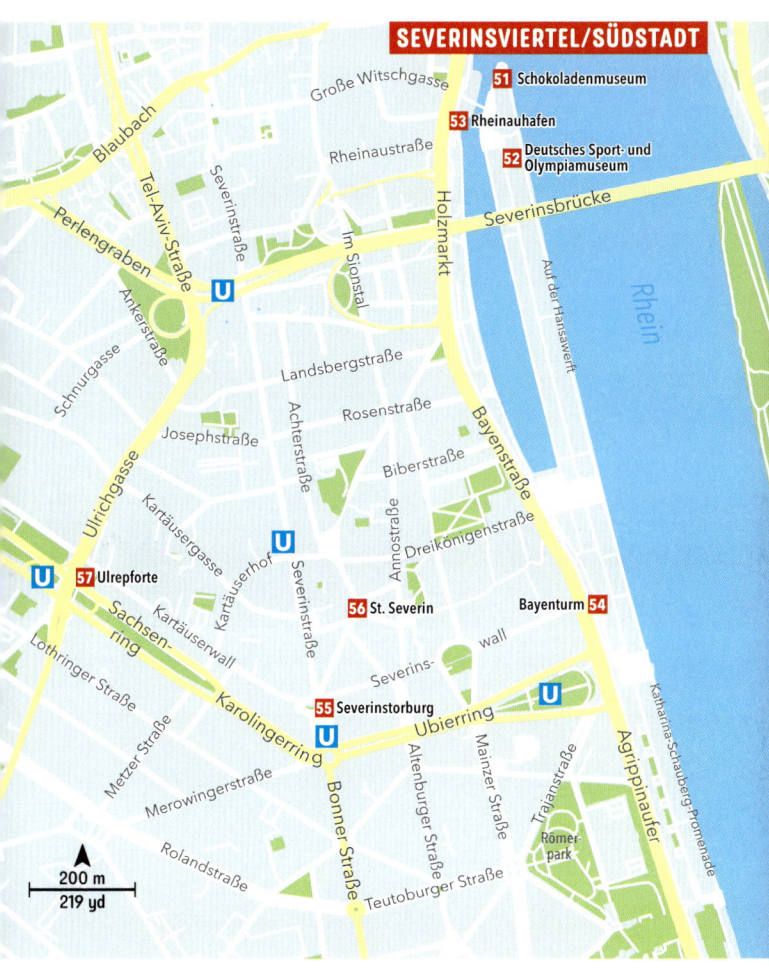

51 Schokoladenmuseum
53 Rheinauhafen
52 Deutsches Sport- und Olympiamuseum
57 Ulrepforte
56 St. Severin
Bayenturm **54**
55 Severinstorburg

schnapp im Norden um die Stadt zog. Er wird heute als Frauen-Media-Turm genutzt, d. h. als Informations- und Dokumentationszentrum zur Geschichte der Emanzipation. Hier befindet sich die Redaktion der Zeitschrift Emma inklusive Lesesaal. *Am Bayenturm | frauenmediaturm.de | U 6, 15, 17 Ubierring | ▢ G7*

55 SEVERINSTORBURG

Die Severinstorburg gehört ebenso wie die Eigelsteintorburg zu den Bauwerken, die Kölner Geschichte greifbar machen. Als Endpunkt der wunderbar vielseitigen Severinstraße ist sie eine weithin sichtbare Landmarke, in der Kölner Paare gerne heiraten. In den winzigen Beeten werden Weinstöcke

Deutschlands größte Moschee steht in Ehrenfeld

angebaut. An Weiberfastnacht wird „Dat Spill vun Jan un Griet" aufgeführt, eine Legende über den Reitergeneral Jan von Werth. *Chlodwigplatz 2 | Bahnen und Busse: Chlodwigplatz | ▥ G7*

56 ST. SEVERIN

Dem heiligen Severin, dem dritten Bischof von Köln, wird der Bau einer ersten Kirche an dieser Stelle im 4. Jh. zugeschrieben. Der 948 vollendete Nachfolgebau ist im 14./15. Jh. umgestaltet worden. *Mo–Fr 9–18, Sa 10–13, So 13–17 Uhr | Im Ferkulum 29 | roma nische-kirchen-koeln.de | Bahnen und Busse: Chlodwigplatz | ▥ G7*

57 ULREPFORTE

Von der mittelalterlichen Stadtmauer ist nicht mehr viel übrig – außer an der Ulrepforte, die gemeinsam mit dem benachbarten Sachsenturm der stolze Sitz von Karnevalsgesellschaften ist. Eine Relieftafel aus dem Jahr 1360 an der Mauer gilt als das älteste profane Denkmal Deutschlands. Die Inschrift erinnert an die Abwehr eines Überfalls, den der Erzbischof 1268 gegen die Kölner Bürgerschaft unternommen hatte. *Sachsenring | Bahnen und Busse: Ulrepforte | ▥ F7*

AUSSERDEM SEHENSWERT

58 FLORA & BOTANISCHER GARTEN 🐂

Nur die Fassade ist vom ehrwürdigen „Flora"-Ballhaus übrig geblieben. Dahinter verbirgt sich seit einigen Jahren eine Multifunktionshalle. Davor allerdings breitet sich immer noch ein pompöser Springbrunnen aus, dessen Ränder von fotogenen Blumenbeeten flaniert werden. Tiefer im Innern des Botanischen Gartens locken Gewächshäuser, Seen und Beete mit exotischen und einheimischen Pflanzen. Das *Café Dank Augusta (dankaugusta.de)* erfreut seine Gäste bei schönem Wetter mit Leckereien im Picknickstil. *Garten: 8 Uhr bis zum Eintreten der Dämmerung, trop. Gewächshäuser werden zurzeit saniert, Subtropenhaus geöffnet | Amsterdamer Str. 34 | Eintritt frei | short. travel/koe5 | Bus: 134; U 15, 16: Zoo/ Flora |* ⏱ *2 Std. | Riehl |* 🗺 *H1–2*

59 ZOOLOGISCHER GARTEN

Rund 7000 Tiere sind im Kölner Zoo zu Hause. Attraktionen sind das Regenwaldhaus, das Gehege für die thailändischen Elefanten und das Hippodom mit Flusspferden und Krokodilen. *Sommer tgl. 9–18, Winter 9–17 Uhr, Aquarium Sommer tgl. 9–18, Winter 9–17 Uhr | Riehler Str. 173 | Eintritt 19,50 Euro | koelnerzoo.de | Bus 135 U 15, 16 Zoo/Flora |* ⏱ *3 Std. | Riehl |* 🗺 *H–J 1–2*

60 SKULPTURENPARK 💥

Alle zwei Jahre werden die etwa 30 Skulpturen von zeitgenössischen Künstlern wie Tony Cragg, Louise Bourgeois, Martin Kippenberger, Martin Willing oder Markus Lüpertz neu geordnet. Gelungene Mischung aus Abstraktem und Figurativem. *April–Sept. 10.30–19, Okt.–März 10.30–17 Uhr | Riehler Str./Nähe Zoobrücke | Eintritt frei | skulpturenparkkoeln.de | Bus 135, U 15, 16 Zoo, Flora |* ⏱ *45 Min. | Agnesviertel |* 🗺 *H2*

61 PHOTOGRAPHISCHE SAMM-LUNG DER SK STIFTUNG KULTUR

Ein verstecktes Juwel im Mediapark: **Die Werke des Kölner August Sander gehören zu den Wegbereitern der modernen Fotokunst.** Um 1920/30 bildete er Menschen in ihrer sozialen Umgebung ab. Das Archiv umfasst Werkbeispiele der meisten bedeutsamen Fotokünstler. Im gleichen Gebäude befindet sich auch das *Tanzmuseum des Deutschen Tanzarchivs* mit Plakaten, Stichen und Fotos zur Geschichte des Bühnentanzes. *Do–Di 14–19 Uhr | Im Mediapark 7 | Eintritt 5,50 Euro, Kombiticket mit Tanzmuseum 6 Euro, jeden 1. Mo frei (Tanzmuseum jeden Mo frei) | sk-kultur. de | U 12, 15: Christophstraße/Mediapark |* ⏱ *1 Std. | Neustadt-Nord |* 🗺 *E3*

INSIDER-TIPP
Avantgarde der Fotografie

62 EHRENFELD ★

Ehrenfeld ist die bunte Heimat von Künstlern und Gestaltern und zugleich die bevorzugte Adresse des Partyvolks, das von Donnerstag bis Samstag aus allen Himmelsrichtungen einfällt. Zentrum der Avantgarde ist Sabine Voggenreiters *DQE-Halle (Heliosstr. 35–37).* Coole Klamotten, Kunst und Kitsch bekommst du in der *Körnerstraße.* Die Läden dort heißen *Libelle* (Nr. 30) oder *Kitsch deluxe* (Nr. 26). Biokuchen und gesunde Küche serviert das *Café Sehnsucht*

Entlang des Rings ziehen Cafés und Bars Tag- und Nachtschwärmer an

(Nr. 67). Einen guten Start in den Abend erlaubt der Besuch der *Bar Zwei (Venloer Str. 437)* oder der *Braustelle (Christianstr. 2, braustelle.com | U 3, 4 Körnerstraße)*, die sich den Frevel leistet, ein eigenes Altbier nach Düsseldorfer Art auszuschenken. Das Wahrzeichen von Ehrenfeld ist Deutschlands größte *Moschee (Venloer Str./Innere Kanalstr.)*, die Architekt Paul Böhm entworfen hat. Weithin sichtbar ist der *Heliosturm (Heliosstr.)*: ein Leuchtturm 300 km von der Nordsee entfernt. Er wurde erbaut, um die Reichweiten der elektrischen Leuchtanlagen zu testen, die bei der früheren Helios AG hergestellt wurden. 🗺 *C–D 3–4*

INSIDER-TIPP
Spezialität aus der Nachbarstadt

🔢 RING
Nach dem Abriss der mittelalterlichen Stadtbefestigung haben die Stadtväter dem Vorbild der Wiener Ringstraße folgend diesen Boulevard angelegt. Zwischen Gereonshof und Christophstraße haben Fußgänger viel Platz zum Bummeln. Am Wochenende nutzen vor allem Vorstädter die Ringe zum Feiern und Cruisen, die Polizei zeigt massive Präsenz! *Bahnen und Busse: Friesenplatz, Rudolfplatz | Zentrum |* 🗺 *E4–5*

🔢 BELGISCHES VIERTEL ⭐
Nachdem die Grenzen der Stadt 1881 nicht mehr von einer Mauer festgelegt waren, konnte sich die Stadt rasch ausdehnen. Jenseits der Ringe entstand die Neustadt, die sich zwischen der Venloer Straße und der Aachener Straße in den 1980er-Jahren zu einem angesagten Viertel mit eigentümergeführten Geschäften, coolen Bars und innovativen Restaurants entwickelt hat. Im Prinzip ändert sich das auch weiter südlich bis zur Luxemburger Straße

nicht, auch wenn einige Kölner dieses Viertel als „Kwartier Latäng" bezeichnen. *Bahnen und Busse: Friesenplatz, Rudolfplatz | ▥ D–E 4–5*

65 MUSEUM FÜR OSTASIATISCHE KUNST

Die hübsche Cafeteria ist ein perfekter Ort zur Einstimmung auf das Museum: Die Terrasse bietet einen eindrucksvollen Blick auf die Steinskulptur *Kaze no hata* (Fahne im Wind) des japanischen Bildhauers Masayuki Nagare. Im Inneren des einzigartigen Museums werden Kunstschätze aus dem ganzen Fernen Osten inszeniert: wertvolle chinesische Sakralplastik, koreanische Keramik und japanische Priesterskulpturen aus Zypressenholz. Die Weltenwächterfigur aus der Han-Zeit (12. Jh.) zählt zu den wenigen erhaltenen Figuren dieser Art. *Di–So 11–17, 1. Do im Monat bis 22 Uhr | Universitätsstr. 100 | Eintritt Ständige Sammlung 5,50 Euro | museenkoeln.de | Busse 137, 961, 962, 963, 970, U 1, 2 Universitätsstraße/Aachener Weiher | ⏱ 1,5 Std. | Belgisches Viertel | ▥ D5*

66 FRIEDHOF MELATEN

Morbide und anmutig zugleich: die vor ihrem Tod schwer Erkrankten, die „Maladen", ebenso alle Nichtkatholiken, wurden früher außerhalb der Stadt beerdigt. Seit 1810 ist Melaten der Zentralfriedhof. Hier sind alle berühmten Kölner begraben, und die schönen Grabmäler aus dem 19. Jh. lohnen den Besuch. *Nov.–Feb. 8–17, März 8–18, April-Sept. 7–20, Okt. 7–19 Uhr | Aachener Str. 204 | Bus 963, U1, 2 Melaten | zw. Lindenthal u. Ehrenfeld | ▥ C4–5*

67 LINDENTHALER KANÄLE

Nur wenige Schritte vom Grüngürtel entfernt zeigt sich Köln von einer kaum bekannten Seite: *Clarenbachkanal* und *Rautenstrauchkanal* führen auf etwa 1200 m Länge durch den schicken Stadtteil – unter alten Kastanien und fast völlig ohne Autoverkehr. Der Spaziergang lässt sich im angrenzenden Stadtwald beliebig weit fortsetzen. *Clarenbachkanal, Rautenstrauchkanal | zwischen Universitätsstr., Aachener Str. und Stadtwaldgürtel | Bahnen und Busse: Melaten, Universitätsstraße | Lindenthal | ▥ B–C5*

68 INNERER GRÜNGÜRTEL ⭐

Als mittelalterliche Stadt war Köln lange von einer Stadtmauer umgeben. Für Grünflächen war kaum Platz. Das hat sich nach dem Ende des Ersten Weltkriegs geändert: Um der wachsenden Zahl von Großstädtern neue Erholungsmöglichkeiten zu bieten, wurde rund um die City ein Grüngürtel angelegt, der sich auf einer Länge von 7 km vom Rheinufer in Riehl bis zur Luxemburger Straße erstreckt. Der Streifen breitet sich zwischen dem Bahndamm und der Inneren Kanalstraße auf etwa 400 m aus. Ein Einladung zum Ausdauersport und zum Sonnenbad, die Studenten vor allem rundum den Aachener Weiher aufs Grillen und Feiern ausdehnen. Eine wunderbare Institution, die leider durch die vielen Ausfallstraßen immer wieder unterbrochen wird. Zum Bau von Brücken oder Tunneln für Fußgänger und Radfahrer konnte sich die Stadt leider noch nicht durchringen. *Bah-*

nen und Busse: *Universitätsstr., Moltkestr.* | koelner-gruen.de | *Zentrum* | ⬛ *D5–6*

69 WILDGEHEGE STADTWALD 👤

Pfaue, Rehe, Gänse, Ziegen und andere Tiere laufen auf dem Gelände frei herum. Vor dem östlichen Eingang findest du im Sommer eine Ponyreitstation. *Tgl. 9 Uhr bis Einbruch der Dunkelheit* | *Kitschburger Str.* | *U 13 Dürener Str./Gürtel* | *zw. Lindenthal u. Müngersdorf* | ⬛ *A6*

70 ODYSSEUM 👤

Die „interaktive Forschungsreise" für alle Altersgruppen führt auf einer Fläche von 5500 m² an 200 „Erlebnisstationen" vorbei. Auf spielerische Weise erfahren Kinder, wie die Erde entstand, wie es im Weltall aussieht und wie Cyberspace funktioniert, inkl. Astronautentraining (ab 6 J.) und Hochseilgarten (ab 8 J.). *Di–Fr 9–18, Sa/So 10–19, in den NRW-Schulferien tgl. 10–19 Uhr* | *Corintostr. 1* | *Eintritt 16, Kinder (4–17 J.) 8 Euro* | odysseum.de | *S 12, 13 Trimbornstraße, U 1, 9 Kalk-Post* | ⏱ *1,5 Std.* | *Kalk* | ⬛ *K4*

71 POLLER WIESEN 👤

Atemberaubender Blick auf Fluss, Rheinauhafen und Altstadt. Die riesigen Wiesen bieten Fußballern und Sonnenanbetern gleichermaßen Platz und eignen sich perfekt für familienfreundliche Erholung von der Stadt. *Nördl. und südl. der Südbrücke* | *Bahnen und Busse: Poll, Raiffeisenstr., oder auf der anderen Rheinseite: Schönhauser Str.* | *Deutz/Poll* | ⬛ *H6–7*

72 RODENKIRCHEN

Beliebtes Ausflugsziel mit Rodenkirchener Kapellchen, Terrassenlokalen, Gastronomie auf Hausbooten, Strand und Promenade. Die „Panorama"-Rundfahrt mit dem Boot ab Konrad-Adenauer-Ufer nach Rodenkirchen dauert ca. 65 Min., Teilstrecken sind möglich. *Preis 10,60 Euro* | rodenkirchen.de | *U 16: Rodenkirchen* | *Rodenkirchen* | ⬛ *0*

AUSFLÜGE

73 KÖNIGSWINTER

45 km/40 Min. mit dem Zug

Rheinromantik pur: Königswinter liegt direkt am Fluss und am Fuße des Siebengebirges. ==Kinder können mit dem Esel den steilen Pfad des Drachenfels hinaufreiten.== Entspannt kommst du mit der *Drachenfelsbahn (Berg- und Talfahrt: 10 Euro),* einer der ältesten Zahnradbahnen in Deutschland hinauf. Oben hast du einen phantastischen Ausblick über das Rheintal. koenigswinter.de | *RB/RE Bf. Königswinter* | *Tickets Preisstufe 4, 8,20 Euro* | ⬛ *0*

INSIDER-TIPP
Elegant steil gehen

74 MAX-ERNST-MUSEUM BRÜHL

15 km/15 Min mit dem Zug

Das Museum zeigt eine große Sammlung von Druckgrafiken und Skulpturen des aus Brühl stammenden Surrealisten Max Ernst (1891–1976). Wechselausstellungen u. a. zu David Lynch oder Tim Burton sorgen

Prunk und Pracht bis an die Decke – das Schloss Augustusburg

immer wieder für Aufsehen. *Di–So 11–18 Uhr | Comesstr. 42 | Eintritt 7 Euro | Tel. 02234 9 92 15 55 | maxernstmuseum.lvr.de | DB Bf. Brühl | ○ 1,5 Std | ▥ 0*

75 PHANTASIALAND BRÜHL 👪

25 km/30 Min mit dem Auto

Der Funpark zählt zu den größten in Europa; jedes Jahr gibt es neue Attraktionen. *April–Anfang Nov., Ende Nov.–Mitte Jan. tgl. 9–18, Juli/Aug. bis 20 Uhr | Berggeiststr. 31–41 | Brühl | Eintritt 49,50, Kinder (4–11 J.) 39,50 Euro | phantasialand.de | ○ 4 Std | ▥ 0*

76 SCHLOSS AUGUSTUSBURG

15 km/15 Min mit dem Zug

Was sich der französische König Louis XIV. an prachtvoller Architektur leistete, empfand der rheinische Kurfürst Clemens August auch für seine Person als standesgemäß. So ließ er seine alte Wasserburg in ein prunkvolles Lustschloss umbauen. Als kunsthistorisches Highlight gilt die Barocktreppe von Balthasar Neumann. Ein etwa halbstündiger Spaziergang durch eine idyllisch-romantische Lindenallee führt dich zum *Jagdschloss Falkenlust*, wo der Kurfürst sich mit seinen Gespielinnen traf. *Feb.–Nov. Di–Fr 9–12 u. 13.30–16, Sa/So 10–17 Uhr | Schlossstr. 6 | Brühl | Eintritt 9, Falkenlust 7 (je inkl. Führung), Kombi-Führung beide Häuser 14 Euro | Tel. 02232 4 40 00 | schlossbruehl.de | DB Bf. Brühl od. U 18 Brühl-Mitte u. 10 Min. Fußweg; mit dem Auto B 51 Brühler Str./Brühler Landstr., in Brühl: Ausschilderung „Parkplätze" | ▥ 0*

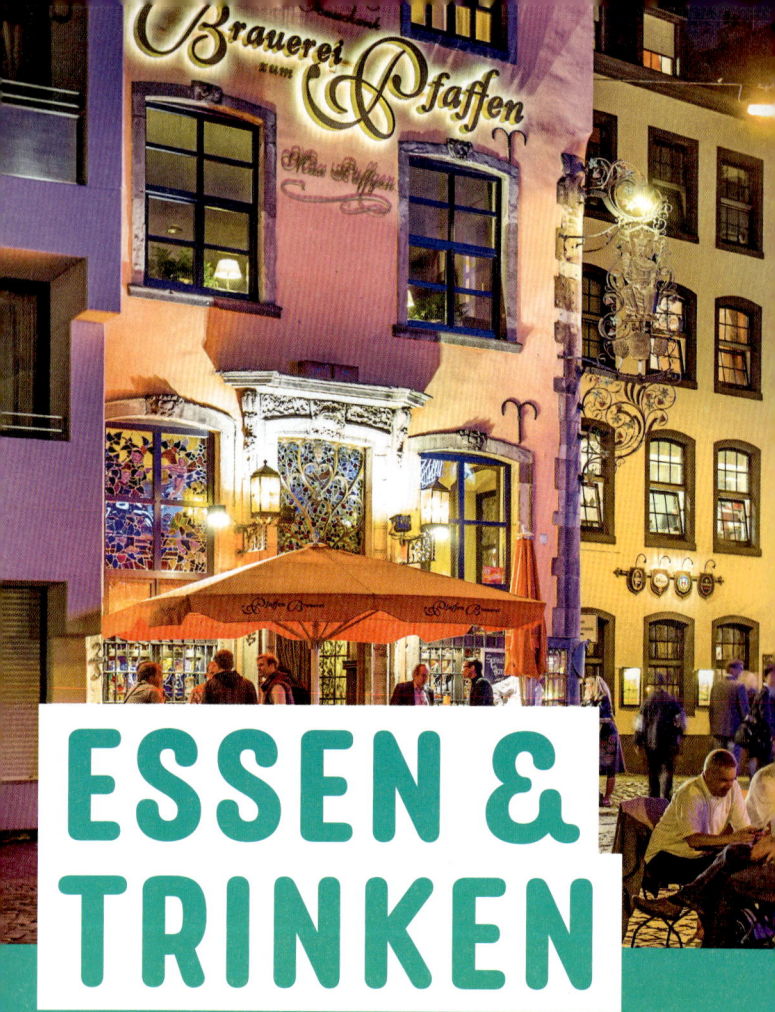

ESSEN & TRINKEN

Poké, Ceviche oder doch lieber Sauerbraten? Diese Frage drängt sich bei der Wahl des richtigen Restaurants jedes Mal aufs Neue auf, denn in Köln sind sowohl Food-Trends aus aller Welt wie auch eine charaktervolle Regionalküche zu Hause.

Die deftigen Kreationen werden in den unverwechselbar kölschen Brauhäusern serviert, wobei der berühmte Halve Hahn definitiv leichter zu verdauen ist als die Sprüche der berüchtigten Köbesse. Wer etwa ein Mineralwasser bestellt, muss mit der Frage „Soll ich auch Handtuch und Seife mitbringen?" rechnen. Deutlich gesitteter

Abende am Heumarkt in der Altstadt können lang werden

geht es in den Hunderten von Restaurants außerhalb der Ringe zu, wo Bowls aus Hawaii und roher Fisch nach peruanischer Art ebenso weit verbreitet sind wie vegane Currys und Tapas aus so ziemlich allen Anrainerstaaten des Mittelmeers. Vielleicht dank der vielen Studenten und Freiberufler sind dabei auch preiswerte Optionen vertreten. Nicht zuletzt sorgten in jüngerer Vergangenheit innovative Food-Konzepte für Aufmerksamkeit: Wie wäre es zum Beispiel mit einem „Pairing" kreativer Gerichte mit Cocktails oder einem Drei-Gänge-Frühstück?

WO KÖLN ISST

VENLOER STRASSE
Vegane Kost, Food-Trends und Imbisse für das hippe Partyvolk

U Leyendeckerstraße

Köln-Ehrenfeld **S**

Venloer Straße/Gürtel **U**

EHRENFELD

U Körnerstraße

Venloer Straße

Subbelrather Straße

Innere Kanalstraße

Innerer Grüngürtel

Melatengürtel

Friedhof Melaten

August-Sander-Park

Erftstraße

Stadt-garten

9

59

Hans-Böckler-Platz/Bf West **U**

Köln West

Carola-Williams-Park

Aachener Straße

Aachener Weiher

Hiroshima-Nagasaki-Park

264

Universitätsstraße

Roonstraße

U Moltkestraße

Rudolfplatz **U**

Hohenzollernring

Hohenstaufenring

55

Zülpicher Platz **U**

Lu ★

MARCO POLO HIGHLIGHTS

★ **PETERS BRAUHAUS**
Hervorragende rheinische Gerichte
➤ S. 64

★ **LU**
Fein abgestimmte vietnamesische Gerichte zu kleinen Preisen ➤ S. 70

★ **ZUR TANT**
Einen Ausflug wert: kreative Küche mit Rheinblick ➤ S. 70

★ **BAYLEAF**
Kleine Gerichte in Kombination mit kreativen Cocktails ➤ S. 68

★ **POKÉ MAKAI**
Hawaiianische Bowls mit einem Hauch von Sterneküche ➤ S. 67

BELGISCHES VIERTEL
Für Pärchen geeignete Restaurants und Cocktailbars für anspruchsvolle Trinker

SÜLZ

Luxemburger Straße

A57

59

NIPPES

Flora und
Botanischer Garten

Kölner
Zoo

9

51

Lohsepark

Neusser Straße

Innere Kanalstraße

Riehler Straße

Konrad-Adenauer-Ufer

Zoobrücke

55a

Rheinpark

Hansaring

Turiner Straße

ALTSTADT
Deftige Brauhauskost,
Systemgastronomie
und ambitionierte
Küche

ALTSTADT-NORD

Deutz-Mühlheimer-Str.

S

Köln Haupt-
bahnhof

Poké Makai ★ 📍
📍 **Dom/Hbf** U

Burgmauer

51

Rheinufertunnel

Opladener Straße

Peters Brauhaus ★ 📍

Rathaus U

DEUTZ

Cäcilienstraße

Heumarkt U

Deutzer Brücke

SÜDSTADT
Überwiegend
fortschrittliche und
betont gemütliche
Lokale mit vielen
Außenplätzen

Am Leystapel

Rhein

Goterning

55

ALTSTADT-SÜD

Severinsbrücke

Siegburger Straße

Bayleaf ★ 📍

Sachsenring

Bayenstraße

9

U Ubierring
Chlodwigplatz

51

Volks-
garten

Vorgebirgstraße

Zur Tant ★ 📍

Poller

400 m
437 yd

NEUSTADT-SÜD

Wiesen

BIERGÄRTEN

HAFENTERRASSE

Am Malakoffturm und der Drehbrücke vor dem Schokoladenmuseum. Getränke werden serviert, Snacks holt man sich an der Imbissbude. *So–Do 11–22, Fr/Sa bis 23 Uhr | Rheinauhafen 1a | Tel. 0221 93 18 88 17 | U 3, 4 Severinstraße | € | Altstadt | ⸫ G6*

CLUB ASTORIA

Eine feine Adresse als Ziel für einen langen Spaziergang. Denn nach dem Weg entlang der Lindenthaler Kanäle durch den Stadtwald bis zum Adenauerweiher wartet ebendort der mondänste Biergarten der Stadt. Der Gerstensaft mag ein bisschen mehr kosten als andernorts. Dafür gibt's zusätzlich zum Platz an der Sonne unbezahlbare Einblicke in die Kölner Schickeria. *Tgl. 12–23, So ab 10.30 Uhr | Guths-Muths-Weg 3 | Tel. 0221 9 87 45 10 | club-astoria.eu | U 1 Rheinenergiestadion | €€ | Müngersdorf | ⸫ 0*

> **INSIDER-TIPP**
> **Chillen wie auf Ibiza**

RATHENAUPLATZ

Schattige Bäume, zivile Preise, junge Leute aus dem Univiertel. *April–Okt. tgl. 12–23.30 Uhr | Rathenauplatz 30 | Tel. 0221 92 16 06 13 | Bahnen und Busse: Zülpicher Platz | € | Belgisches Viertel | ⸫ E6*

STADTGARTEN

Riesige Terrasse, Bier und Cocktails unter Schatten spendenden Bäumen. *So–Fr 12–24, Sa bis 2 Uhr | Venloer Str. 40 | Tel. 0221 9 52 99 42 33 | stadtgarten.de | U 3, 4, 5 Hans-Böckler-Platz | € | Belgisches Viertel | ⸫ E4*

VOLKSGARTEN

Stimmungsvoll beleuchteter Glücksfall eines Biergartens an den Ufern eines Weihers in Kölns schönstem Stadtpark. Aus dem Zapfhahn fließen die Gerstensäfte der Kleinbrauerei Hellers. *Apr.–Okt. bei schönem Wetter tgl. ab 11.30 Uhr | Volksgartenstr. 27 | Tel. 0221 38 26 26 | hellers.koeln | € | U 15, 16: Ulrepforte | Südstadt | ⸫ F7*

BRAUHÄUSER & KNEIPEN

BRAUEREI ZUR MALZMÜHLE

Das Brauhaus am Rande der Altstadt ist eine Traditionsadresse mit gefährlich süffigem Kölsch. Die Braumeister versuchen sich neuerdings an Bieren, die in Sektflaschen vergären. Im angrenzenden „Höhnerstall" gibt es eine große Auswahl an Craft Beer aus aller Herren Länder. *Tgl. ab 11.30 Uhr | Heumarkt 6 | Tel. 0221 92 16 06 13 | brauereizurmalzmuehle.de | Bahnen und Busse: Heumarkt | € | Altstadt | ⸫ G5*

> **INSIDER-TIPP**
> **Junges Bier im alten Brauhaus**

FRÜH AM DOM ⚑

Mit der großen Terrasse und 900 Plätzen in verschiedenen Sälen eines der größten Brauhäuser Kölns. Lass dir die Verdauungsschnäpse „Deck un Dönn" oder „Stippeföttche" nicht entgehen. Oben in den *Hofbräustuben (Tel. 0221 2 61 32 60)* ist es bei gehobener Bürgerküche weniger rustikal. *Tgl. ab 11, Sa/So ab 9 Uhr | Am Hof 12–18 | Tel. 0221 2613215 | frueh-am-dom.de | Bahnen und Busse: Dom/Hbf. | € | Altstadt | ☐☐ G4*

SCHRECKENSKAMMER ⚑

Kleinstes und ältestes Brauhaus (seit 560 Jahren). Das Dekor ist eine Hommage an die Roten Funken – Kölns älteste Karnevalstruppe von 1823. Auch das blau gerippte Wams der Köbesse ist authentisch. *Di–Sa 11–13.45 u. ab 16.30 Uhr | Ursulagartenstr. 11 | Tel. 0221 132581 | schreckenskammer. com | Bahnen und Busse: Dom/Hbf., Hansaring | € | Eigelstein | ☐☐ F4*

PÄFFGEN ⚑

Stammgäste erörtern hier beim Kölsch das Weltgeschehen. Schöner Biergarten. Für den großen Hunger: die Grillhaxe! *Tgl. ab 10 Uhr | Friesenstr. 64–66 | Tel. 0221 135461 | paeffgen-koelsch.de | Bahnen und Busse: Friesenplatz | € | Zentrum | ☐☐ E4*

JOHANN SCHÄFER

Das Brauhaus der Zukunft: hausgemachte Biere (nur das Kölsch stammt von Gaffel), gesunde Abwandlungen der Regionalküche (Gerösteter Blumenkohl in Rosinen-Schwarzbrotsauce) und eine ausnehmend freundliche Crew statt mürrischer Köbesse. So macht das Ausgehen wieder Spaß – und so hat es diese Neueröffnung binnen weniger Monate weit noch oben auf der Popularitätsskala gebracht. *Mo–Fr ab 16, Sa, So ab 10 Uhr | Elsaßstr. 6 | Tel. 0221 16860975 | johann-schaefer.de |*

Jede Menge Kölsch im Päffgen

Busse 132, 133, U 15, 16, 17: Chlodwigplatz | € | Südstadt | ☐☐ F7

WEINHAUS VOGEL

Einer der letzten Orte, in denen kölsche Originale sich die Türklinke in die Hand geben. Trotz des Namens bevorzugen die meisten Gäste den Konsum von Bier. Die Schoppenweine sind günstig und süffig. *Tgl. ab 10 Uhr | Eigelstein 74 | Tel. 0221 1399134 | weinhaus-vogel.de | Bahnen und Busse: Ebertplatz oder Breslauer Platz | € | Zentrum | ☐☐ G3*

MAX STARK

Ein Brauhaus ohne Touristen, Musik und Karneval. Dafür fließt leckeres

Päffgen aus dem Zapfhahn. Die kölschen Gerichte sind frisch, gut und reichhaltig. Der Sauerbraten kommt hier noch vom Pferd – wie es das rheinische Rezept verlangt. *Tgl. ab 11 Uhr | Unter Kahlenhausen 47 | Tel. 0221 2 00 56 33 | max-stark.de | Bahnen und Busse: Ebertplatz | € | Zentrum | ⊞ G3*

INSIDER-TIPP
Tradition auf dem Teller

LOMMERZHEIM

Koteletts, dick wie Telefonbücher, süffiges Kölsch und folkloristische Stimmung – kein Wunder, gilt das Lommerzheim doch als die ultimative Kölschkneipe mit Seele. Im Sommer sind die wenigen Plätze unter freiem Himmel begehrt. *Mi–Mo 11–14.30 u. 16.30–0 Uhr | Siegesstr. 18 | Tel. 0221 81 43 92 | paeffgen-*

koelsch.de/unser-koelsch | Bahnen und Busse: Bhf. Deutz/Messe | € | Deutz | ⊞ H5

PETERS BRAUHAUS ⭐

Schön eingerichtetes Lokal mit Jugendstildecke und Wandgemälden kölnischer Berühmtheiten. Zum hausgemachten Kölsch schmecken die besten Tatarhappen der Stadt besonders gut. *Tgl. ab 11 Uhr | Mühlengasse 1 | Tel. 0221 2 57 39 50 | peters-brauhaus.de | Bahnen und Busse: Dom/Hbf. | € | Altstadt | ⊞ G5*

FRÜH EM VEEDEL

Kölsche Veedelsatmosphäre mit echten Charakteren am Tresen. Zu essen gibt's Klassiker der rheinischen Küche. In kaum einem Traditionslokal ist das Kölsch so günstig wie hier – zuletzt waren es 1,40 Euro pro Glas. *Di–Do ab 16, Fr/Sa ab 11 Uhr | Chlodwigplatz 28 | Tel. 0221 31 44 70 | frueh emveedel.de | Busse: 132, 133, U 6, 15, 16 Chlodwigplatz | € | Südstadt | ⊞ G7*

INSIDER-TIPP
Schmale Preise

Jugendstil und Kölsch in Peters Brauhaus

CAFÉ REICHARD

Erhaschst du einen Platz auf der Terrasse, ist der beste Blick auf den Dom sicher. Kölns Wahrzeichen wird hier allerdings Konkurrenz gemacht mit einer Kaffeehauskultur, wie es sie sonst nur in Wien gibt. Die Konditorwaren und der Kaffee sind toll, aber teuer. *Tgl. 8.30–20 Uhr | Unter Fettenhennen 11 | Tel. 0221 2 57 85 42 |*

Unsere Empfehlung heute

Zum Bier

FLÖNZ
Kölner Blutwurst mit groben
Speckstückchen

HALVE HAHN
Roggenbrötchen mit mittelaltem
Holländer Käse, dazu Senf

KÖLSCHER KAVIAR
Blutwurst mit Zwiebeln, dazu
Schwarzbrot oder Röggelchen

Vorspeisen

KRÜSTCHENGULASCH
kleine Schale mit (oft scharfem) Gulasch
und Röggelchen

RIEVKOCHE
Kartoffelküchlein, serviert mit Lachs,
Matjes, Schwarzbrot oder Apfelmus

Hauptgerichte

HIMMEL UN ÄÄD
Mus aus Äpfeln (Himmel) und
Kartoffeln (Erde), dazu: gebratene
Blutwurst

RHEINISCHE MUSCHELN
Schalentiere in einem Sud aus
Zwiebeln, Möhren, Porree,
Lorbeerblättern und Weißwein

RHEINISCHER SAUERBRATEN
Mehrere Tage in Marinade eingelegtes
Fleisch, oft vom Rind, am besten aber
vom Pferd. Serviert mit Rosinensauce,
Knödeln und Rotkohl

Desserts

MUUZEMANDELN
Schmalzgebäck, das in der Karnevalszeit
serviert und gegessen wird

APFELPFANNENKUCHEN
Lecker und nahrhaft: der
Standardnachtisch der Brauhäuser

PRUMMETAAT
Pflaumenkuchen mit Zimt und Zucker

Getränke

KÖLSCH
obergäriges helles Bier mit ca. 4,8
Prozent Alkohol, das nur in Köln gebraut
werden darf und in zylindrischen
Glasstangen ausgeschenkt wird

SPÄTBURGUNDER
vorzügliche Rotweine von den
Schieferböden an der nahen Ahr

cafe-reichard.de | Bahnen und Busse: Dom/Hbf. | *Zentrum* | 🚇 F4

KAFFEESAURUS

Neueröffnung am Friesenplatz mit hoher Hipsterdichte. Der Flat White und die Bowl mit Granola sind klasse. Nur bei der Musikauswahl hapert es noch ein bisschen. *Mo–Fr 8–19, Sa 9–20, So 9–20 Uhr | Friesenplatz 15 | Tel. 0221 16 84 17 22 | kaffeesaurus. com | Bahnen und Busse: Friesenplatz | Belgisches Viertel* | 🚇 E4

HEIMISCH

Geröstete Brote mit Ei und Speck, Gurken-Ingwer-Smoothie und vorzügliche Kaffeevariationen wären an sich genug Gründe für einen Abstecher nach Deutz. Doch im ersten Stock ist es so heimelig, dass du nach dem vorzüglichen Frühstück den ganzen Tag dort verbringen möchtest. *Mo–Fr 8–18.30, Sa, So 9–18 Uhr | Deutzer Freiheit 72–74 | Tel. 0221 16 83 85 63 | heimisch. cafe | Bahnen und Busse: Deutzer Freiheit | Deutz* | 🚇 H5

SCHWESTERHERZ

Gemütliches Café im hippen Ehrenfeld, tatsächlich betrieben von zwei Schwestern. *Mo–Fr 8.30–19, Sa/So ab 10 Uhr | Venloer Str. 239 | Tel. 0221 16 95 54 06 | schwesterherz-koeln.de | U 3, 4 Piusstraße | Ehrenfeld* | 🚇 C3

IMBISSE

485 GRAD

Edelpizzeria mit extravaganten Rezepten, die bei großer Hitze gebacken werden. Probier „Rocky Balboas Speckbirne" mit Provolone, Bacon und den namentlich genannten Früchten. Dazu gibt's preisgekrönte Weine und Craft-Beer. *Mo–Mi 17–22, Do/So 12–22, Fr/Sa 12–23 Uhr | Kyffhäuserstr. 44 | Tel. 0221 39 75 33 30 | 485grad.de | Bahnen und Busse: Barbarossaplatz | Belgisches Viertel* | 🚇 E6

INSIDER-TIPP
Pizza zum Zuschlagen!

FREDDY SCHILLING

Edel-Burger der phantasiereichen Sorte werden hier im unkomplizierten Ambiente gebrutzelt. *Tgl. 12–22, Fr/Sa bis 23 Uhr | Kyffhäuserstr. 34 | Tel. 0221 16 95 55 15 | freddyschilling.de | Bahnen und Busse: Barbarossaplatz | Belgisches Viertel* | 🚇 E6

LADEN EIN

Hier kocht alle zwei Wochen jemand anders. Oft proben die hippen Restaurants der Zukunft hier ihren Betrieb, dann wieder sind es vietnamesische Streetfood-Buden. *Mo–Sa 12–22 Uhr | Blumenthalstr. 66 | laden-ein.com | U 16,18 Reichenspergerplatz | Agnesviertel* | 🚇 G2

INSIDER-TIPP
Pop-ups im fliegenden Wechsel

MEI WOK

Veganes aus dem Wok. Die asiatischen Gerichte sind zu 100 Prozent pflanzlicher Herkunft, die Zutaten wie Currypaste selbst gemacht. *Mo–Fr 12–22, Sa/So 13–22 Uhr | Venloer Str. 384 | Tel. 0221 96 26 97 07 | koeln.meiwok.de | U 3,4 Venloer Straße/Gürtel | Ehrenfeld* | 🚇 C3

Bei Mei Wok gibt's nicht nur Sushi

RESTAURANTS €€€

OX & KLEE

Daniel Gottschlich ist der Autodidakt unter Kölns Sterneköchen. Seine ebenso opulenten wie kreativen Menüs sind ein Musterbeispiel für die Leistungsfähigkeit junger, deutscher Küche. Mit dem mittleren Kranhaus im Rheinauhafen hat das Ox & Klee ein passendes Ambiente gefunden. *Di–Sa 19–1 Uhr | Im Zollhafen 18 | Tel. 0221 16 95 66 03 | oxundklee.de | U 16 Ubierring | Südstadt | ▯ G6*

LE MOISSONNIER

Das Jugendstilrestaurant zählt zu Kölns Topadressen. Küchenchef Eric Menchon nimmt die klassische französische Küche als Basis und entwickelt immer wieder neue Gerichte. Vier-Gänge-Menü ab 96 Euro, Hauptgerichte 38–56 Euro. Achtung: Gäste dürfen ihr Essen nicht fotografieren. *Di–Do 12–15 u. ab 18.30, Fr/Sa 12–15 u. ab 19 Uhr | Krefelder Str. 25 | Tel. 0221 72 94 79 | lemoissonnier.de | U-Bahnen Hansaring | Agnesviertel | ▯ F3*

TAKU

Formvollendete asiatische Küche mit fein ausbalancierten Aromen und kreativen Kompositionen in zenmäßigem Ambiente. Auf seiner letzten Asienreise hat Chefkoch Mirko Gaul die Kunst der Matcha-Zubereitung perfektioniert. *Di–Sa 12–14 u. 18.30–21.30 Uhr | Trankgasse 1–5 | Tel. 0221 2 70 39 10 | excelsior hotelernst.com | Bahnen und Busse: Dom/Hbf. | Zentrum | ▯ G4*

INSIDER-TIPP
Japanische Teezeremonie

RESTAURANTS €€

POKÉ MAKAI ⭐

Hawaiianische Bowls sind der kulinarische Trend der Stunde. Das ist auch Mirko Gaul zu verdanken, der die Freunde kreativer Küche hauptberuflich im Sternerestaurant Taku erfreut. Dieser Imbiss in Domnähe überrascht mit wechselnden Zusammenstellungen, dazu gibt's und alkoholfreie Getränke. *Mo–Sa 11.30–20.30 Uhr | Marzellenstr. 12a | Tel. 0221 2 70 38 88 | poke-makai.de | Bahnen und Busse: Dom/Hbf | Zentrum | ⌖ G4*

BAYLEAF ⭐

Lange keine wirkliche Gastro-Neuheit erlebt? Dieses Lokal sollte Abhilfe schaffen: Im schicken Rheinauhafen werden Cocktails und kreative Häppchen zu einem „Pairing"-Menü kombiniert. Ein deutschlandweit einzigartiges Erlebnis! *Di–Fr 12.30–15 u. 18.30–0, Sa 18–1 Uhr | Im Zollhafen 18 | Tel. 0221 16 95 66 01 | bayleaf.cologne | U 15, 16 Ubierring | Südstadt | ⌖ G6*

CAPRICORN (I) ARIES

Verliebt in Köln? Dann bittet dieses gemütliche Bistro mit Kerzenschein und Chansons zu einem romantischen Abend, der von französischen Speisen und süffigen Weinen stilvoll orchestriert wird. *Mo/Di, Do/Fr 12–15 u. 18–1, Sa 18–1 Uhr | Alteburger Str. 34 | Tel. 0221 3 97 57 10 | capricorniaries.com | U 15, 16, 17 Chlodwigplatz | Südstadt | ⌖ G7*

PHAEDRA

Diese Neueröffnung gestattet die Wahl aus Mezze (griechische Tapas) und klassischen mediterranen Speisen und kombiniert diese mit sorgfäl-

Zahlreiche moderne Restaurants laden ein – wie das Metzger & Marie

tig ausgewählten Weinen (probier die eher seltenen aus Hellas) und angenehm durchgestyltem Ambiente. *Mi–Sa ab 17, So ab 13 Uhr | Elsaßstraße 30 | Tel. 0221 16 82 66 25 | phae dra-restaurant.de | Bahnen und Busse: Chlodwigplatz | Südstadt | ꝏ F7*

MAIBECK
Überraschung in der touristischen Altstadt: neue deutsche Küche auf beachtlichem Niveau (mit Michelin-Stern) und vergleichsweise günstig (Vier-Gänge-Menü um 50 Euro). *Di–So 12–15 u. ab 17.30 Uhr | Am Frankenturm 5 | Tel. 0221 96 26 73 00 | maibeck.de | Bahnen und Busse: Dom/Hbf. | Altstadt | ꝏ G5*

METZGER & MARIE
Küche aus deutschen Landen oder Österreich gibt's im Agnesviertel, wo alte Traditionen neu interpretiert werden. Nur Kartenzahlung. *Do–Mo 18.30–24 Uhr | Kasparstr. 19 | Tel. 0221 99 87 93 53 | metzgermarie.de | Bahnen und Busse: Ebertplatz | Agnesviertel | ꝏ F3*

DER VIERTE KÖNIG
Fusionfood treibt allerlei Blüten. Die Kombination französischer Cuisine mit indischen Gewürzen allerdings ist apart. Tolle Kreationen, gute Weine, aufmerksamer Service und herrliche Plätze auf dem Klettenberger Trottoir machen den Besuch zu einem Erlebnis. *Mi–So 18–23 Uhr | Gottesweg 165 | Tel. 0221 48 48 12 88 | derviertekoenig.com | Bahnen und Busse: Sülzburgstraße | Sülz | ꝏ D8*

HENNE WEINBAR
Zwischen all den Cocktailbars und den Brauhäusern der Stadt geht der Wein zuweilen unter. Hendrik „Henne" Olfen mochte dies nicht länger hinnehmen: 2018 hat er seine kulinarische Weinbar eröffnet, wo als Begleitung neben Jahrgangssardinen auch gewagte Speisen wie Hahnenkamm auf den Tisch kommen. *Mo–Do 12–15 u. 18–24, Fr 12–15 u. 18–1, Sa 12–1 Uhr | Pfeilstr. 31–35 | Tel. 0221 34 66 26 47 | henne-weinbar.de | Bahnen und Busse: Rudolfplatz | Zentrum | ꝏ E5*

NEOBIOTA
Das Frühstück ist die am wenigsten beachtete Mahlzeit des Tages. Dies zu ändern ist der ehrgeizige Plan des neuen Lokals, das seine Gäste schon am Morgen verwöhnen möchte. Hier ist die erste Mahlzeit die wichtigste. Am Abend kommt mit es neudeutscher Wohlfühlküche kaum konventioneller daher. *Di–Sa 10–15 u. 18.30–22 Uhr | Ehrenstraße 43c | Tel. 0221 27 08 89 08 | restaurant-neobiota.de | Bahnen und Busse: Rudolfplatz | Zentrum | ꝏ E5*

INSIDER-TIPP Drei-Gänge-Frühstück

NENI
Extrem angesagtes Restaurant im Hotel 25 Hours. Arabische Einflüsse werden kombiniert mit persischen, russischen und deutschen Traditionen. Die Dachterrasse bietet sensationellen Ausblick auf den Dom, Köln und das Umland. *Mo–Fr 12–15 u. tgl. 18–22 Uhr | Im Klapperhof 22–24 (25 Hours Hotel The Circle) | Tel. 0221*

16 25 35 61 | nenikoeln.de | Bahnen und Busse: Friesenplatz | Zentrum | ⬚ E4

ZUR TANT ⭐

Nicht zu verwechseln mit dem innenstädtischen Traditionslokal „Bei d'r Tant". Für die kreative Küche und den tollen Rheinblick lohnt sich der Weg nach Porz-Langel. *Fr–Di 12–14 u. 18–21 Uhr | Rheinbergstr. 49 | Tel. 02203 8 18 83 | zurtant.de | Bus 164, 501 Sandbergstraße | Porz-Langel | ⬚ 0*

RESTAURANTS €

BEI OMA KLEINMANN

Fans verehren die Gaststätte wegen der riesigen Schnitzel und des kölschen Lokalkolorits. Hier geht's immer noch zu wie zu Omas Zeiten. *Tgl. 17–24, Fr/Sa bis 1 Uhr | Zülpicher Str. 9 | Tel. 0221 23 23 46 | beiomakleinmann. de | Bahnen und Busse: Barbarossaplatz | Belgisches Viertel | ⬚ E6*

LU ⭐

Raffinierte vietnamesische Spezialitäten in schlichter Umgebung. Kleine Auswahl an Gerichten. Probier dazu unbedingt den hausgemachten Ingwer-Zitronengras-Tee. *Mo–Sa 12–23 Uhr | Hohenstaufenring 21 | Tel. 0221 54 81 34 57 | lokal-lu.de | Bahnen und Busse: Barbarossaplatz | Belgisches Viertel | ⬚ E6*

BAGATELLE

Mon dieu, wer hat dich in ein Bauernhaus gebeamt? Die Speisen sind frankophil, die Weine lecker und die Sommertage hier endlos schön. Da kann man entschuldigen, dass der Service zuweilen ein wenig verwirrt ist. *Mo–Fr 17–1, Sa/So 12–24 Uhr | Teutoburger Straße 17 | Tel. 0160 99 44 52 67 | bagatelle.koeln | U 15, 16, 17 Chlodwigplatz | Südstadt | ⬚ G6*

MASSIMOS ROSTICCERIA

Einsam ist hier niemand, im winzigen Italiener, wo sich die (Stamm-)Gäste fast gegenseitig auf dem Schoß sitzen, um umwerfende Pasta zu bekommen. *Mo–Fr 12–15 u. 17.30–23.30 Uhr, Sa/So nur abends | Alteburger Str. 41 | Tel. 0221 3 48 96 01 | rosticceria-massimo. de | Bahnen und Busse: Chlodwigplatz | Südstadt | ⬚ G7*

TOSCANINI

Irgendwann kommt immer die Frage: Wo gibt es die beste Pizza der Stadt? Dieses Restaurant ist auf jeden Fall weit vorne – auch weil die Speisen die Größe eines Wagenrades haben. *So–Fr 12–15 u. 18–23, Sa 18–23 Uhr | Jakobstr. 22 | Tel. 0221 3 10 99 90 | toscanini.restaurant | Bahnen und Busse: Chlodwigplatz | Südstadt | ⬚ F7*

TANICA

Jeden Abend rappelvoll: Die kleinen mediterranen Tellergerichte und die guten Weine liegen am Puls der Zeit. *Mo–Fr 12–16 u. 18–1 Uhr, Sa/So nur abends | Engelbertstr. 31a | Tel. 0221 2 40 52 71 | rosticceria-massimo.de/tanica | Bahnen und Busse: Rudolfplatz | Belgisches Viertel | ⬚ E5*

TAPEO & CO

Seitdem das Probieren möglichst vieler kleiner Gerichte en vogue ist, erlebt die Tapas-Kultur ungeahnte Popularität. Dieses Restaurant hat den Umzug aus Lindenthal in ein viel größeres Lokal im Belgischen Viertel gewagt, wo die Gäste neben Klassikern der spanischen und portugiesischen Küche auch saisonal wechselnde Kreationen bestellen. Dazu gibt es vorzügliche Abwandlungen des spanischen Nationalgetränks mit einem Schuss Kräuterlikör aus Mallorca. *Tgl. ab 17 Uhr | Lindenstraße 38 | Tel. 0221 82 08 20 00 | tapeoundco.de | Bahnen und Busse: Rudolfplatz | Belgisches Viertel | ⬜ D6*

INSIDER-TIPP
Schwarze Sangria

TIGERMILCH

Ceviche ist das neue Sushi. Wenn du diese Meinung teilst, bist du hier richtig. Neben dem eingelegten rohen Fisch serviert das junge Lokal auch Quinoa-Risotto oder, mit einem kühnen Sprung über den Pazifik, Schweinerippchen in japanischer Barbecue-Sauce. Ein Pisco Sour als peruanisches Nationalgetränk darf nicht fehlen. *Tgl. 18–23, Fr, Sa bis 1 Uhr | Brüsselerstr.12 | Tel. 0221 75 98 58 21 | tigermilch.kitchen | Bahnen und Busse: Rudolfplatz | Belgisches Viertel | ⬜ D5*

MARIA EETCAFE

Heißhunger auf Bitterballen, Käsesoufflé oder dicke Fritten? Dann bietet dieses hippe Restaurant Abhilfe. Vor der Kulisse Dutzender Plastikmadonnen fließt dazu eimerweise belgisches und niederländisches Bier. *Mo–Fr ab 17, Sa, So ab 15 Uhr | Hans-Böckler-Platz 1–3 | Tel. 0221 94 65 78 78 | maria-koeln.de | U 3, 4, 5 Hans-Böckler-Platz | Belgisches Viertel | ⬜ D4*

Blick in die kleine, aber feine Rosticceria Massimo

SHOPPEN & STÖBERN

Shopping ist ein Vergnügen in Köln. Das trifft insbesondere auf das Belgische Viertel zu, wo sich kleine, eigentümerge- führte Boutiquen aneinanderreihen. Ähnlich sieht es in der Südstadt aus, die mit der Severinsstraße eine unumstrittene Einkaufsmeile besitzt.

Innerhalb der Ringe setzt die Ehrenstraße immer noch Akzente. Die Ketten, die hier Einzug gehalten haben, gibt es oft nur in Me- tropolen. Die großen Kaufhäuser und Markenketten findest du unterdessen auf der Hohen Straße und in der Schildergasse. Eine

Markthalle im Belgischen Viertel: die richtige Adresse für Kulinarisches

Besonderheit am Rhein: Spezialgeschäfte für Masken und Kostüme, Deko- und Partymaterialien haben das ganze Jahr über gut zu tun, denn in der Partystadt Köln wird nicht nur an Karneval munter gefeiert. Auch die Kunstszene erlebt eine Renaissance: Waren vor Jahren noch viele Galerien nach Berlin abgewandert, so kehren diese nun reumütig zurück – in den Großstädten des Rheinlands sitzt eben doch mehr Kapital.

WO KÖLN SHOPPT

NEUEHRENFELD

A57

Subbelrather Straße

Köln-Ehrenfeld
S

Ehrenfeldgürtel

U Venloer Straße/Gürtel

EHRENFELD
Kleine Boutiquen mit alternativem Sortiment

Herrenbude ★ 📍

EHRENFELD

U Körnerstraße

Venloer Straße

59

Innere Kanalstraße

Innerer
Grüngürtel

Erftstraße

Stadt-
garten

BRAUNSFELD

Hans-Böckler-Platz/Bf West **U**

Köln West 🚉

Friedhof Melaten

Carola-
Williams-
Park

BELGISCHES VIERTEL
Plattenläden und angesagte Concept-Stores unabhängiger Designer

Hohenzollernring

Meet & Eat ★

Aachener Straße

Rudolfplatz **U**

9

U Moltkestraße

Aachener
Weiher

264

Hiroshima-
Nagasaki-Park

Roonstraße

Hohenstaufenring

Universitätsstraße

55

SÜLZ

9

Riehler Straße

51

Theodor-
Heuss-Ring

August-
Sander-Park

📍 **Underdog Recordstore** ⭐

Hansaring

Turiner Straße

Konrad-Adenauer-Ufer

ALTSTADT-NORD

Ⓢ 🚆 Köln Hauptbahnhof

**EHRENSTRASSE,
BREITE STRASSE &
MITTELSTRASSE**

Dom/Hbf
Ⓤ

Elegante Boutiquen
und hippe Ketten,
die es nur in
Metropolen gibt

Komödienstraße

Ⓤ
Appellhofplatz

Tunisstraße

Rheinufertunnel

Rhein

Magnusstraße

📍 **Hoss an der Oper** ⭐

Ⓤ Rathaus

Deutzer Brücke

**SCHILDERGASSE &
HOHE STRASSE**

Ⓤ Heumarkt

Am Leystapel

Filialen deutscher und
internationaler Ketten

ALTSTADT-SÜD

51

Tel-Aviv-Straße

Rothgerberbach

55

400 m
437 yd

Die meisten Läden in der Innenstadt sind an Werktagen bis 19 oder 20 Uhr geöffnet. Im Folgenden werden die Öffnungszeiten nur genannt, wenn sie von den üblichen abweichen.

ACCESSOIRES & BEAUTY

JÜRGEN EIFLER

Wer auch heute noch elegant behütet sein will, sucht sich bei Jürgen Eifler einen Panama für den Sommer oder einen Borsalino aus. *Mo–Fr 11–17, Sa 11–14 Uhr | Friesenwall 102a | hut-classic.com | Bahnen und Busse: Friesenplatz | Zentrum | ⊞ E4–5*

KITSCH DELUXE

Mondäne Hüte, Lederhandtaschen, Schmuck und andere Accessoires neben Antiquitäten, Mode, Geschenken und allerlei Krimskrams. *Mo, Mi 15–19, Di, Do/Fr 11–14 u. 15–19, Sa 11–*

16 Uhr | Körnerstr. 26 | U 3, 4 Körnerstraße | Ehrenfeld | ⊞ C3

SANTA ROSA

Modeschmuck, Hüte, Schals, Taschen und andere Accessoires lassen die Herzen leicht extravaganter Damen höher schlagen. *Mo–Fr 12–20, Sa 11–19 Uhr | Aachener Str. 32 | santa-rosa.eu | Bahnen und Busse: Rudolfplatz | Belgisches Viertel | ⊞ E5*

ANTIQUARIAT & GALERIE

ANTIQUARIAT SIEGFRIED UNVERZAGT

Ein mittlerweile selten gewordenes Kleinod: Spezialgebiet ist Bibliophiles, geisteswissenschaftliche Literatur und alte Kunstbände – insgesamt 120 000 Bücher. *Mo nach Vereinb., Di–Do 15–19, Fr 12–19, Sa 11–15 Uhr | Tel. 0221 25 15 15 | Limburger Str. 10 | unverzagt. com | Bahnen und Busse: Friesenplatz | Belgisches Viertel | ⊞ E4*

KUNST&SO

Streetart fürs Wohnzimmer in einem galerieähnlichen Raum, Lichtobjekte und viel Lokalkolorit. ==Die Fotos von kölnischen Wahrzeichen sind günstig und drängen sich als Mitbringsel geradezu auf.== *Fr, Sa 15–18 Uhr | Genter Str. 6 | kunstundso-koeln.de | Tel. 0221 79 00 90 99 | Bahnen und Busse: Friesenplatz | Belgisches Viertel | ⊞ E4*

INSIDER-TIPP
Sensationelle Souvenirs

GALERIE THOMAS ZANDER

Pop-Art, Fotokunst und Avantgarde mit Anspruch und mitunter großem

WOHIN ZUERST?

Wenn du zum ersten Mal in der Stadt bist, starte deine Shoppingtour am besten am **Neumarkt** (⊞ F5): Hier beginnt die Schildergasse, die mit 17 000 Passanten pro Stunde als Nr. 1 der Einkaufsstraßen in Europa gilt, noch vor der Londoner Oxford Street. Nach Norden hin bieten sich die überdachte **Neumarkt-Galerie** und die **Neumarkt-Passage** an – ideal bei Schlechtwetter. Auf der **Mittelstraße** und der Ehrenstraße findest du vom Designerladen bis zum Sportartikelspezialisten (fast) alles.

Aufwand inszeniert. Vertritt u. a. Candida Höfer und Dieter Meier. *Di–Fr 11–18, Sa 12–18 Uhr | Schönhauser Str. 8 | galeriezander.com | U 16: Schönhauser Str. | Südstadt | ⃞ H8*

EHRENFELD APPAREL

Paul Kampfmann bedruckt T-Shirts und Taschen nach eigenen Entwürfen. Hier bekommst du eingekölschte Marken-Adaptionen wie Superdrüsch. *Do/Fr 13–19, Sa 12–16 Uhr | Körnerstr. 73 | shop.ehrenfeld-apparel.net | U 3, 4 Körnerstraße | Ehrenfeld | ⃞ C3*

INSIDER-TIPP Originelle Köln-Motive

HERRENBUDE ★

Hier wird nichts verkauft, was Inhaber Achim Schmitz nicht auch selbst tragen würde. Und sein Geschmack ist nach allgemeiner Auffassung formvollendet. Der Patron kontrolliert die Passform akribisch und lässt bei Bedarf umnähen. *Di–Do 17–20, Fr 12–20, Sa 12–18 Uhr | Rothehausstr. 4 | Tel. 0171 1 42 02 08 | herrenbude.de | U 3, 4 Körnerstraße | Ehrenfeld | ⃞ C3*

LE POP LINGERIE

Selbstbewusste Boutique für Lingerie und Accessoires mit französischem Flair im hippen Ehrenfeld. Neben dem Aussehen geht es hier um gesellschaftlich relevante Themen. *Mo–Fr 12–19, Sa 12–17 Uhr | Geisselstr. 10 | lepoplingerie.de | Bahnen und Busse: Körnerstr. | Ehrenfeld | ⃞ C4*

JOHANNA LUTZ

Alle Kreationen der Modedesignerin sind handgenäht und exquisite Einzelstücke. Die Kundinnen schätzen die perfekten Schnitte und außergewöhnlichen Farbkombinationen. *Di–Sa 12–19 Uhr | Gereonswall 13 | U 12, 15 Hansaring | Eigelstein | ⃞ F3*

MADAMSKI

Mode von jungen Designerlabels in entspannt-ungezwungener Atmosphäre. *Mo–Fr 11–19, Sa 11–18 Uhr | Engelbertstr. 23 | Eingang Hofeinfahrt | madamski.de | U 9, 12, 15: Zülpicher Platz | Belgisches Viertel | ⃞ E6*

TAUSEND FLIEGENDE FISCHE

Bunter Laden mit großem Sortiment bekannter und neuer Labels. *Mo–Sa 11–19 Uhr | Roonstr. 16 | tausendfliegendefische.de | Bahnen und Busse: Zülpicher Platz | Belgisches Viertel | ⃞ E6*

FLORIS VAN BOMMEL

Der jüngste Spross einer niederländischen Schuhdynastie zieht sein eigenes Ding mit teils recht extravaganten Entwürfen durch. *Ehrenstr. 39 | Tel. 0221 27 08 98 00 | de.florisvanbommel.com | Bahnen und Busse: Rudolfplatz | Innenstadt | ⃞ E5*

MONSIEUR COURBET

Stilvoller Herrenausstatter von Kopf bis Fuß. Zu zivilen Preisen gibt es hier Klamotten, mit denen nicht jeder herumläuft. Im Kellergeschoss befindet sich mit *Groove Attack* eine Legende unter den Kölner Plattenläden. *Maastrichter Str. 49 | Tel. 0221 17 91 54 25 |*

monsieurcourbet.de | *Bahnen und Busse: Rudolfplatz* | *Belgisches Viertel* | *⌖ E5*

GREENWICH MAN TIME

Liebevoll ausgesuchte Herrenmode vorzugsweise aus fairem Handel und nachhaltiger Produktion. Vorbild ist Bob Dylan in jungen Jahren, der überlebensgroß an der Wand hängt. *Mo–Sa 11–19.30 Uhr | Engelbertstr. 12 | Tel. 0221 16 89 48 61 | Bahnen und Busse: Zülpicher Str.* | *Belgisches Viertel* | *⌖ E5*

DELIKATESSEN

HENNES FINEST

Ein Fachgeschäft ausschließlich für Pfeffer und das zur Zerkleinerung erforderliche Zubehör? Genau! Mit ebendieser Idee haben sich ein paar Kölner Studenten selbstständig gemacht. Kernprodukt ist der Kampot-Pfeffer, dessen feine Aromapalette Köche und Feinschmecker aus der ganzen Republik begeistert. *Mo–Fr 11–19, Sa 10–18 Uhr | Moltkestr. 125 | Tel. 0221 30 06 99 11 | hennesfinest. com | Bahnen und Busse: Moltkestraße* | *Belgisches Viertel* | *⌖ D5*

MARKTHALLE BELGISCHES VIERTEL

Food-Hallen sind der große Trend. Köln fremdelt noch ein wenig mit dem Konzept (oder liegt es am fehlenden Platz?), diese Hinterhofversion ist ein erster Versuch. ==Lass dir den in der Stadt gekelterten Wein am Stand von IMI-Winery (imi-winery.de) nicht entgehen.== *Mo–*

INSIDER-TIPP
Traubensaft aus Köln

Sa 10–20 Uhr | Maastrichter Str. 45 | markthalle-belgischesviertel.de | Bahnen und Busse: Rudolfplatz | *Belgisches Viertel* | *⌖ E5*

CULINARIA ITALIA

Lust auf ein Picknick im Grüngürtel? Für solche Fälle hat dieses italienische Feinkostgeschäft eine große Auswahl an leckeren Snacks im Angebot, die ihren Preis wert sind. *Mo–Sa 11–19 Uhr | Mittelstr. 12–14 | culinariaitalia. de | Bahnen und Busse: Rudolfplatz* | *Zentrum* | *⌖ F5*

HOSS AN DER OPER ★

Der alteingesessene Gourmettempel ist ein Paradies für Leckermäuler. Hier bekommst du alles: feine Wurstwaren, hausgemachte Pasteten, Desserts, Salate und, wenn es sein muss, auch einen 90 Jahre alten Armagnac. *Mo geschl.* | *Breite Str. 25–27 | hoss-delikatessen.de | Bahnen und Busse: Appellhofplatz* | *Zentrum* | *⌖ F5*

KÖLNER WEINKELLER

In dem gigantischen Gewölbekeller aus den 1920er-Jahren kannst du in einer riesigen Auswahl an tollen Weinen schwelgen – einzigartig im Land. *Mo–Fr 12–20, Sa 10–16 Uhr | Stolberger Str. 92 | koelner-weinkeller.de | Bahnen und Busse: Maarweg* | *Braunsfeld* | *⌖ A–B4*

PRINTEN SCHMITZ

Leckeres Gebäck, Pralinés, Printen und Marzipankreationen – seit 1842! *Breite Str. 87 | Bahnen und Busse: Appellhofplatz* | *Innenstadt* | *⌖ F5*

SCHAMONG

Kölns älteste Kaffeerösterei geht dem edlen Handwerk immer noch im Ladenlokal nach. Der Traditionsbetrieb hat neben fair gehandeltem Kaffee auch Tee und Zubehör im Angebot. Der Barista wurde 2017 zum besten des Landes gewählt – und er trägt einen Grafentitel. *Mo–Fr 9–18, Sa 9–14 Uhr | Venloer Str. 535 | kaffeeroester.de | Bahnen und Busse: Äußere Kanalstr./ Bickendorf | Ehrenfeld | ▥ B2*

DESIGN

DIE DRAHTFLECHTEREI

Raffiniert zurechtgebogene Mobiles, originelle Hängekörbe und auch Emaille-Schüsseln wie aus Großmutters Küche. *Mo–Fr 10–19, Sa 10–16 Uhr | Körnerstr. 56 | drahtflechterei.de | U 3, 4: Körnerstr. | Ehrenfeld | ▥ C3*

GESCHMAXSACHE

Trendige Stücke von skandinavischen Marken wie Kay Bojesen, Stelton oder Applicata: Gastgeber finden hier schöne Objekte für die Tischdekoration, Präsentkörbe und dazu allerlei kulinarische Geschenke. *Benesisstr. 46–48 | geschmaxsache.de | Bahnen und Busse: Friesenplatz oder Rudolfplatz | Zentrum | ▥ E5*

PETER GÜLS

Der Schmuckdesigner entwirft ausgefallene Colliers und Ringe aus mattschwarzem Eisen. In der Kombination mit feuerroten Korallen oder glitzernden Perlen sehen die Armreifen, Anhänger und Ketten absolut ungewöhnlich aus. *Mo–Fr 10.30–12.30 u. 13–18.30, Sa 10.30–17 Uhr | Breite Str. 97 | U 3, 16, 18: Appellhofplatz/ Breite Str. | Zentrum | ▥ F5*

Den Dom zum Anbeißen gibt´s in der Konditorei Printen Schmitz

Alles nicht ganz ernst gemeint bei Deiters

UTENSIL

„Industriekultur" für zu Hause: originelle Kerzenständer, Regenjacken à la „Ostfriesennerz" oder Abfallkörbe wie an Bahnhaltestellen. *Di–Fr 12–19, Sa 11–16 Uhr | Körnerstr. 21 | utensil-shop. de | U 3, 4: Körnerstr. | Ehrenfeld | ⊞ C3*

FESTARTIKEL

BALLONI

Schrilles Partyzubehör und originelle Tischdekoration: Dekostoffe, Luftballons, Konfetti, Glitter- und Flimmersterne, Zierpüppchen. *Mo–Fr 9.30–19, Sa 9.30–17 Uhr | Ehrenfeldgürtel 88–94 | balloni.de | U 3, 4, 13: Venloer Str./Gürtel | Ehrenfeld | ⊞ C3*

DEITERS

Ob für den Rosenmontagszug oder die eigene Party, hier findest du witzige Kostüme, Mützen etc. Noch mehr Auswahl gibt es in der Zentrale in Frechen. *Gürzenichstr. 25 | deiters.de | Bahnen und Busse: Heumarkt | Altstadt | ⊞ G5*

FESTARTIKEL SCHMITT

Der Anblick der Kostüme für Indianer, Matrosen und Piratinnen weckt sofort die Lust am Verkleiden. Auf drei Etagen kannst du dich das ganze Jahr über mit Konfetti, Glitter, Theaterschminke, Modeschmuck und Girlanden eindecken. *Mo–Fr 10–19, Sa 11–15 Uhr | Johannisstr. 67 | U 16, 18: Breslauer Platz | Zentrum | ⊞ G4*

MUSIK

NUNK MUSIK

Ein Laden wie in alten Zeiten: In allen Winkeln ist Vinyl aufgebahrt, wer mag, kann einen Plattenspieler gleich dazu kaufen. Das Personal plaudert kenntnisreich mit Kunden, die natürlich eher Fans sind. Und weil das so ist, wird auch schon mal eine Flasche Bier geköpft. *Mo–Fr 11–19 Uhr | Antwerpener Str. 18 | Tel. 0221 2 58 97 53 | Bahnen und Busse: Friesenplatz | Belgisches Viertel | ⑪ D4*

KOMPAKT SCHALLPLATTEN

Kölns vielleicht wichtigster Beitrag zur Kulturgeschichte der jüngeren Vergangenheit ist der Minimal Techno, den das Kompakt-Label bis heute kultiviert. Hör mit Kopfhörern rein: Der Laden ist für den Probelauf kundenfreundlich mit Turntables ausgestattet. *Di–Fr 12.30–19, Sa 11.30–16 Uhr | Werderstr. 15–19 | kompakt.fm | U 12, 15: Christophstraße | Belgisches Viertel | ⑪ E4*

INSIDER-TIPP
Stilecht reinlauschen

MUSIC STORE

Im Stadtteil Kalk liegt die zentrale Anlaufstelle für DJs, die hier ihre Mischpulte kaufen, und für Musiker, die nach Noten und Gitarrensaiten suchen. *Istanbulstr. 22–26 | musicstore. de | U 1: Fachhochschule Deutz | Kalk | ⑪ K4*

UNDERDOG RECORDSTORE ★ ☂

Dieser gar nicht mal so kleine Laden ist bis unter die Decke vollgepackt mit hochwertigem Vinyl. Spezialgebiete: Indie, Punk, Hardcore, Rockabilly, New Wave etc. Auf der Webseite gibt es zudem die beste Konzertübersicht der Stadt. *Mo–Fr 11.30–19, Sa 12–18 Uhr |*

Ritterstr. 52 | underdogrecordstore.de | U 12,15 Hansaring | Eigelstein | ⑪ F3

PASSAGEN

DUMONT-CARRÉ

Zugpferde hier sind aktuell das Outlet des Online-Riesen *Zalando* und die Niederlassung des Sportgeschäfts *Decathlon*. Ansonsten lohnt es sich, in die Fotoausstellungen im *Studio Dumont* hereinzuschauen; und der Eisstand ist außerdem einer der besten in Köln. *Breite Str. 80–90 | Bahnen und Busse: Appellhofplatz/Breite Straße | Zentrum | ⑪ F5*

NEUMARKT-GALERIE

Wenn du dich an der großen Eistütenplastik von Claes Oldenburg auf dem Dach orientierst, bist du schnell auf dem richtigen Weg zur Galerie mit ihren 67 Läden. In den Baukomplex integriert ist der *Richmodisturm*, aus dessen Fenster zwei Pferde schauen – eine Kölner Legende: Im 14. Jh. wollte der Ehemann von Richmodis von Aducht nicht glauben, dass seine Frau nicht an der Pest gestorben, sondern nur scheintot sei – eher kämen zwei Pferde die Treppe herauf. Plötzlich ertönte Hufgetrappel ... *Richmodstr. 8 | neumarktgalerie.com | Bahnen und Busse: Neumarkt | Zentrum | ⑪ F5*

NEUMARKT-PASSAGE ☂

Neben Läden, Boutiquen und Cafés findest du hier auch das *Käthe-Kollwitz-Museum* und das *Lew Kopelew Forum*. *Neumarkt | neumarktpassage. de | Bahnen und Busse: Neumarkt | Zentrum | ⑪ F5*

OPERNPASSAGEN

Neben Geschenkartikeln, Mode und einem Pianogeschäft gibt's hier den größten Supermarkt der Innenstadt sowie einige Cafés und Imbisse. *Neue Langgasse/Ecke Breite Str. | Bahnen und Busse: Appellhofplatz | Zentrum | ▢ F5*

SECONDHAND

GALANT

Anzüge und Schuhe vorzugsweise aus englischer Produktion sind die Leidenschaft von Norbert Ollig. Auch Medienproduktionsteams decken sich hier mit Requisiten ein. Dank der Stilberatung durch den Chef kannst du dich überall blicken lassen. *Di–Sa 14–19 Uhr | Maastrichter Str. 38 | Bahnen und Busse: Rudolfplatz | Belgisches Viertel | ▢ E5*

> INSIDER-TIPP
> **Filmreif gekleidet!**

FLOHMARKTHALLE KÖLN

Nippes, Porzellan, alte Bücher, Möbel und Raritäten kompakt auf einem Fleck: So gut wie hier kannst du sonst nur selten stöbern. *Mauritiussteinweg 100 | flohmarkthalle-koeln. de | Bahnen und Busse: Neumarkt | Ehrenfeld | ▢ E5*

SCHWARZER ELEFANT

Du liebäugelst mit dem Erwerb einer überlebensgroßen Buddhastatue? Oder suchst du doch eher einen alten Ölschinken? Dann könntest du hier – wie bei fast allen erdenklichen anderen Gegenständen auch – fündig werden. Die drei Etagen sind ein absolutes Kuriositätenkabinett, wie es heute in Innenstädten rar ist. *Mo–Sa 10–20 Uhr | Gürzenichstr. 17 | Tel. 0221 2 57 68 86 | schwarzer-elefant. de | Bahnen und Busse: Heumarkt | Altstadt | ▢ F5*

DIE GARDEROBE

Von der Hippiemode der 1960er-Jahre mit ihrer Vorliebe für schrille Farben bis zu schicker Garderobe aus jüngerer Zeit reicht das Inventar. Die Teile sind größtenteils nach Farben sortiert. *Körnerstr. 29 | U 3, 4: Körnerstraße | Ehrenfeld | ▢ C3*

SPORT & OUTDOOR

MUSKELKATER

Es muss ja nicht immer das neueste Jogginghosenmodell sein. Sportklamotten zu Discountpreisen findest du bei diesem Spezialisten. *Aachener Str. 76 | muskelkatersport.de | Bahnen und Busse: Rudolfplatz | Belgisches Viertel | ▢ D5*

GLOBETROTTER

Über vier Etagen erstreckt sich der bekannte Outdoorspezialist *Globetrotter* mit seinen Fachabteilungen in der Passage Olivandenhof. Im Untergeschoss wurde eine große Wasserfläche angelegt, auf der Kunden ihre Boote oder Taucherausrüstungen vor dem Kauf sogar testen können. *Richmodstr. 10 | globetrotter.de | Bahnen und Busse: Neumarkt | Zentrum | ▢ F5*

> INSIDER-TIPP
> **Testfahrt im Keller**

Outdoorspezialist Globetrotter ist Hauptmieter im Olivandenhof

STOFFE

FILZ GNOSS

Alles, was es hier zu kaufen gibt, besteht aus dem Energiespeicher Filz: Pantoffeln, Hüte, Polsterwatte, Trittschalldämmung. Außerdem: Bastelfilze und technische Filze. *Apostelnstr. 21 | filz-gnoss.de | Bahnen und Busse: Neumarkt | Zentrum | E5*

WOCHENMÄRKTE

In Köln finden regelmäßig 38 Wochenmärkte statt. Drei zeichnen sich durch ihr besonderes Flair aus:

APOSTELNKLOSTER

Herrliche Blumenstände, Kräuter, Öle, Obst, Gemüse: Unter Bäumen ist hier ein Hauch Provence zu verspüren. *Di, Fr 7–13 Uhr | Apostelnkloster | Bahnen und Busse: Neumarkt | Zentrum | E5*

MEET & EAT ★

Auf dem Rudolfplatz bauen donnerstags Marktbeschicker, Delikatessenhändler und Streetfood-Pioniere ihre Stände auf. Kölner aus allen Vierteln und Milieus genießen ihren Food-Markt, schlemmen und trinken dabei ein Weinchen. Eine wahre Bereicherung. *Do ab 16 Uhr | Rudolfplatz | meet-and-eat.koeln | Bahnen und Busse: Rudolfplatz | Zentrum | E5*

NIPPES

Kölns einziger täglicher Markt findet weit im Norden statt. Wer mit einer Marktfrau parliert, sollte wissen, dass man hier unter „Kätteschloot" Löwenzahn, „Öllich" Zwiebeln und „Sprütcher" Rosenkohl versteht. *Mo–Fr 7–13, Sa 7–14.30 Uhr | Wilhelmplatz | U 6, 12, 18: Florastr. | Nippes | F1*

AUSGEHEN & FEIERN

Neben Berlin und Hamburg ist Köln die Ausgehstadt Deutschlands. Unumstrittene Partymeile Nummer eins ist die Zülpicher Straße. Die besten Bars befanden sich lange Zeit rund um das Belgische Viertel. Wegen Überfüllung gehen viele Kölner hier lieber nur noch unter der Woche aus. Das gilt nicht für Ehrenfeld. Während die Clubs schon lange zur internationalen Spitzenklasse gehören, finden sich hier auch immer mehr gute Bars. Wenngleich die Gentrifizierung zunehmend real wird: Diverse etablierte Clubs mussten bereits ihre Pforten schließen.

Heinz Gaul ist die Adresse für Clubnächte

Außerdem wäre da noch die Altstadt mit traditionellen Brauhäusern und Touristenfallen. Kölns Gay-Community hat ihre Partyzentralen im Viertel zwischen Waidmarkt und Heumarkt sowie in der Schafenstraße. Und in den Eckkneipen gilt immer noch das von den Bläck Fööss in die Welt hinausgetragene Motto: „Drink doch ene met, stell dich nit esu an" (Trink doch einen mit, stell dich nicht so an). Mit zudem knapp 30 Theatern und anderen Bühnen ist in Köln mit allem zu rechnen – nur nicht mit Langeweile. Etwas gemütlicher geht es nur in der Südstadt, am Eigelstein und in Nippes zu.

WO KÖLN AUSGEHT

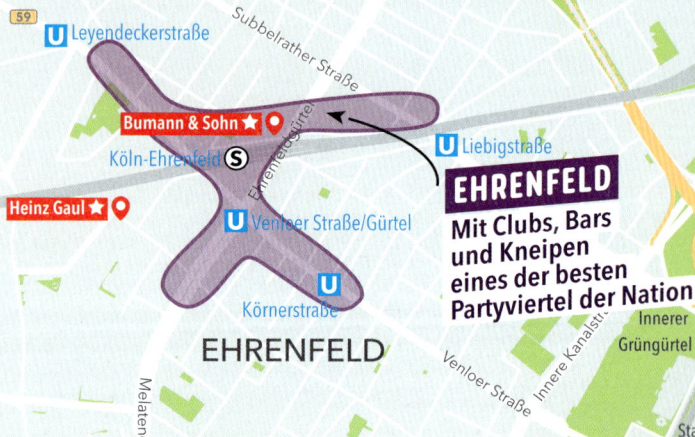

NEUEHRENFELD

U Leyendeckerstraße

Subbelrather Straße

Bumann & Sohn ★ ⦿

Köln-Ehrenfeld Ⓢ

U Liebigstraße

EHRENFELD
Mit Clubs, Bars und Kneipen eines der besten Partyviertel der Nation

Heinz Gaul ★ ⦿

U Venloer Straße/Gürtel

U Körnerstraße

EHRENFELD

Melatengürtel

Venloer Straße

Innere Kanalstraße

Innerer Grüngürtel

Zum scheuen Reh ★ ⦿

Köln West 🚈 59

Hans-Böckler Platz/ U
Bf West

Stadtgarten

Carola-Williams-Park

Aachener Straße

Aachener Weiher

U Moltkestraße

MARCO POLO HIGHLIGHTS

★ **KÖLNER PHILHARMONIE**
Akustik, Musik, Architektur – das begeistert! ➤ S. 95

★ **HEINZ GAUL**
Großartige Adresse für lange Clubnächte in einer ehemaligen Fabrikhalle ➤ S. 93

★ **ZUM SCHEUEN REH**
Musikclub mit Waldeslust-Ambiente ➤ S. 91

★ **BUMANN & SOHN**
Hippe Location, die je nach Anlass entweder Bar, Club oder Biergarten ist ➤ S. 91

★ **PUPPENSPIELE DER STADT KÖLN**
Einmalig: Stockpuppentheater für Groß und Klein – und alles auf Kölsch ➤ S. 96

AACHENER STRASSE
Epizentrum des Nachtlebens mit legendären Bars und breitem Bürgersteig

SÜLZ

Dasselstraße/Bf Süd U
Köln Süd

NIPPES

Lohsepark

August-
Sander-
Park

Erftstraße

Hansaring

Neusser Straße

Innere Kanalstraße

Riehler Straße

Theodor-
Heuss-Ring

Turiner Straße

Konrad-Adenauer-Ufer

Amsterdamer Straße

ALTSTADT

Brauhäuser und
Kneipen vermitteln vor
Touristen die Illusion
vom ewigen Karneval

ALTSTADT-
NORD

Hohenzollernring

Magnusstraße

Komödienstraße

Tunisstraße

Köln Hauptbahnhof

Dom/Hbf U

Rathaus U

Kölner Philharmonie ★

Rheinufertunnel

Rhein

Puppenspiele der Stadt Köln ★

Deutzer Brücke

U Rudolfplatz

Neumarkt

KWARTIER LATÄNG

An der Zülpicher Straße
und im Bermuda-
dreieck wird die
Nacht zum Tag

Am Leystapel

Hohenstaufenring

U Zülpicher Platz

Rothgerberbach

Tel-Aviv-Straße

Severinsbrücke

U Barbarossaplatz

ALTSTADT-SÜD

400 m
437 yd

BARS & KNEIPEN

BACKES

Im gemütlichen Kneipenambiente tummeln sich Stunksitzungskomödianten ebenso wie Krimiautoren und die Legenden der Alternativszene. *Mo–Fr 17–3, Sa 18–3, So 18–1 Uhr | Darmstädter Str. 6 | Tel. 0221 31 11 67 | backeskoeln.de | Bahnen und Busse: Chlodwigplatz | Südstadt | ⊞ G7*

ELEKTRA

Die stilvoll eingerichtete Bar erinnert an die Zeit, als man weiße Rollkragenpullover und schwarze Hornbrillen trug. Das Publikum ist gemischt. *Tgl. ab 19 Uhr | Gereonswall 12–14 | elektrabar.com | Bahnen und Busse: Hansaring, Ebertplatz | Eigelstein | ⊞ F3*

WOHIN ZUERST?

Ein verlässlicher Ausgangspunkt ist und bleibt die **Aachener Straße** *(⊞ E5)*. Von hier aus sind die Bars im Belgischen Viertel genauso nah wie das studentische „Kwartier Latäng" mit der Zülpicher Straße. Die laute Partymeile schläft nie und ist auf dem besten Wege, sich zu einer Art Mini-Reeperbahn ohne Seemänner zu entwickeln. Am Wochenende ziehen Hipster und Trittbrettfahrer gemeinsam (oder doch eher zeitversetzt?) durch die Clubs und Bars von Ehrenfeld. Hier wird bis in den Morgen gefeiert.

KING GEORG

Nachdem der Club zehn Jahre lang der Inbegriff des Kölner Nachtlebens war, haben die Besitzer ihn 2019 aufgegeben. Vom neuen Besitzer renoviert, lädt die Bar seit der Wiedereröffnung weiter zu Konzerten am Wochenende und Jazz unter der Woche ein. Geöffnet bei Veranstaltungen. *Do–Sa ab 22 Uhr | Sudermanstr. 2 | kinggeorg.de | Bahnen und Busse: Ebertplatz | Agnesviertel | ⊞ F–G3*

CRAFTBEER CORNER COELN

Die Altstadt ist seit jeher dem Kölschkonsum vorbehalten. Das junge Team von Craftbeer-Fans versucht, den kartellartigen Zuständen mit alternativen Gerstensäften ein Ende zu bereiten. Wer das Lokal betritt, fühlt sich rein optisch an die Blütezeit der Balkanrestaurants in den 80er-Jahren erinnert. *Mo–Do 18–24, Fr, Sa 17–1 Uhr | Martinstr. 32 | craftbeercorner.de | Bahnen und Busse: Heumarkt | Altstadt | ⊞ G5*

THE GRID

Neue Hoffnung für die zuletzt etwas heruntergekommene Ausgehmeile, die an die großen Zeiten stilvoller Bars anknüpft. Aufwändig komponierte und kunstvoll gemixte Cocktails. Auch die alkoholfreien Drinks wie der „Beetray" (8 Euro) sind eine Wucht. *Di–So 19–2 Uhr | Friesenstr. 62 | thegrid.bar | Bahnen und Busse: Friesenplatz | Zentrum | ⊞ E4*

INSIDER-TIPP
Spaß ohne Promille

KLEIN KÖLN

Früher Treff von Boxsportlern und ihren Fans aus der Halbwelt. Noch im-

Craftbeer Corner: Freude am Gerstensaft

mer spürt man etwas kölsches Milieu. *Mo–Sa bis 4.30 Uhr | Friesenstr. 53 | Tel. 0221 25 36 76 | klein-koeln.com | Bahnen und Busse: Friesenplatz | Zentrum | ⌕ E4*

BARRACUDA BAR

Kleiner Club mit Dancefloor und abgeklärtem Publikum. *Di–Sa 20–6 Uhr | Bismarckstr. 44 | barracudakoeln.de | Bahnen und Busse: Friesenplatz | Belgisches Viertel | ⌕ E4*

MONKEY BAR

Seit ihrer Eröffnung im Sommer 2018 ein heißer Anwärter auf den Titel der hipsten Bar der Stadt. Allein die Fahrt mit dem extravaganten Lift in den 8. Stock des Hotels *25 Hours* ist ein Highlight. Die

INSIDER-TIPP
Selfies im Aufzug

Drinks sind gut, die Aussicht auf die Stadt kaum zu übertreffen. *So–Do 17–1, Fr, Sa bis 2 Uhr | Im Klapperhof 22–24 (8. St. im 25 Hours The Circle) | monkeybarkoeln.de | Bahnen und Busse: Friesenplatz | Belgisches Viertel | ⌕ E4*

MD BAR

Diskret und stilvoll: Diese Bar ist eine Hochburg des guten Geschmacks. Das kunstsinnige Publikum weiß die kleinen Ausstellungen und die formidablen Drinks zu schätzen. Weil es kein Kölsch im Ausschank gibt, findet sozusagen eine natürliche Selektion statt. *Di–Sa ab 20.30 Uhr | Marsilstein 21–23 | md-cologne.blogspot.com | Bahnen und Busse: Rudolfplatz | Zentrum | ⌕ D5*

LOW BUDGET

Außer fahler Beleuchtung, Tequila vom Fass, Bier und Musik gibt es hier nichts. Dennoch ist der Laden am Wochenende immer voll. *Mo–Do 20–2, Fr/Sa bis 4 Uhr | Aachener Str. 47 | lowbud.de | U 1 Moltkestraße | Belgisches Viertel | ⬚ D5*

Eine Zeitreise in die 1950er Jahre: im Weißen Holunder

ROSEBUD

Eine der elegantesten Cocktailbars der Stadt. Interieur und Mixer sind mehrfach ausgezeichnet – was sich in den Preisen niederschlägt. *Mo–Do 21–2, Fr/Sa 21–3 Uhr | Heinsbergstr. 20 | Tel. 0221 2 40 14 55 | facebook: RosebudCologne | Bahnen und Busse: Zülpicher Platz | Belgisches Viertel | ⬚ E6*

RUBINROT

Hier geht's nicht so schick zu wie in den innenstädtischen Cocktailbars, denn der rot ausgeleuchtete Innenraum konserviert seine Vergangenheit als biedere Viertelskneipe. Gute Drinks, junges Publikum. *Mo–Sa ab 20 Uhr | Sömmeringstr. 9 | Tel. 0221 9 90 16 98 | rubinrotkoeln.de | U 3, 4: Venloer Straße/Gürtel | Ehrenfeld | ⬚ C3*

SCHEINBAR

Schummrige Bar mit psychedelischen 70er-Jahre-Tapeten, funky Sound und guten Drinks. *Tgl. ab 20 Uhr | Brüsseler Str. 10 | facebook: Scheinbar | Bahnen und Busse: Rudolfplatz | Belgisches Viertel | ⬚ D5*

SALON SCHMITZ

Das Ausgeh-Imperium an der Aachener umfasst neben dem gemütlichen Salon auch die gleichnamige Metzgerei (mit leckeren Snacks) und die Bar (mit gehobener Küche und rasend populärem Eissalon). Die Gäste haben die Qual der Wahl, können aber auch einfach in den Stühlen auf dem Trottoir abhängen. *Tgl. 9–1, Fr, Sa bis 2 Uhr | Aachener Str. 28 | Tel. 0221 1 39 55 77 | salonschmitz.com | Bahnen und Busse: Rudolfplatz | Belgisches Viertel | ⬚ D5*

SIXPACK

Als abgerockter Schuppen mit ausschließlich Dosenbier war die Bar lange die Heimat der Kölner Avantgarde. Ein Rest vom Glanz der Vergangenheit ist vor allem der Woche noch zu sehen. Am Wochenende überlässt man das Feld nun parfümierten Kraftsportlern aus dem Umland. *Tgl. ab 20 Uhr | Aachener Str. 33 | Tel. 0221 25 45 87 | Bahnen und Busse: Rudolfplatz | Belgisches Viertel | ⌑ D5*

STEREO WONDERLAND

Der Laden mag wie eine abgerockte Kaschemme aussehen. Wenn aber um 4 Uhr morgens „Wonderwall" läuft und alle Leute mitsingen, ist er ohne Zweifel die beste Kneipe der Welt. *Mo–Sa ab 21 Uhr | Trierer Str. 65 | stereowonderland.com | Bahnen und Busse: Barbarossaplatz | Belgisches Viertel | ⌑ E6*

WEISSER HOLUNDER

Das museale Interieur aus den 1950ern ist den Weg ins Niemandsland zwischen Stadtgarten und Mediapark allein wert. *yz Sing mal einen Shanty* Sonntags ab 18 Uhr kannst du bei Matrosenliedern oder Karnevalsklassikern mit dem „Singender Holunder"-Chor mit einstimmen. *Tgl. ab 16 Uhr | Gladbacher Str. 48 | Tel. 0221 51 34 75 | weisser-holunder.de | Bahnen und Busse: Christophstraße/Mediapark | Belgisches Viertel/Zentrum | ⌑ E4*

ZUM SCHEUEN REH ★

Fototapeten mit Waldlichtung, Bambi-Kitschfigur auf dem Barregal: einer der originellsten Musikclubs in Köln, mit Live-Fußball im TV, Kurzfil-men, Konzerten, Lesungen. *Mo–Sa ab 17, Kiosk Mo–Fr 6.30–11 Uhr | Hans-Böckler-Platz 2 | zum-scheuen-reh.de | U 3, 4, 5: Hans-Böckler-Platz | Belgisches Viertel | ⌑ D4*

SONIC BALLROOM

Wer auf Punkrock steht und nicht mehr als 6–7 Euro Eintritt zahlen will, ist in der hintersten Ecke Ehrenfelds gut aufgehoben. Konzerte und Partys sind laut und wild, das Publikum kultiviert Tattoos, Tolle und Fifties-Klamotten. *So–Do bis 2, Fr, Sa bis 5 Uhr | Oscar-Jäger Str. 190 | Tel. 0221 16 91 88 94 | sonic-ballroom.de | U 3, 4: Leyendeckerstraße | Ehrenfeld | ⌑ B3*

DISKOTHEKEN & CLUBS

ARTHEATER

Gute Location mit vielfältigem Live- und Club-Programm, inklusive Auftritten von Bands, die kurz vor ihrem Durchbruch stehen. Auch das Theater kommt nicht zu kurz. *Je nach Event | Ehrenfeldgürtel 127 | Tel. 0221 5 50 99 60 | artheater.de | U 3, 4: Venloer Straße/Gürtel | Ehrenfeld | ⌑ C2–3*

BUMANN & SOHN ★

Von der coolen Bar über den Biergarten bis zum übervollen Club hat dieser Laden alles drauf. Wechselnde Streetfood-Anbieter warten mit angesagten Snacks auf Kunden. Schwer hip! *Tgl. ab 17, Sa/So ab 14 Uhr | Bartholomäus-Schink-Str. 2 |*

INSIDER-TIPP
Hier verhungerst du nicht

bumannundsohn.de | *U 3, 4 Leyen-deckerstraße* | *Ehrenfeld* | ▥ *C3*

CLUB BAHNHOF EHRENFELD

Hiphop-Shows, Konzerte von Songwritern und Talente kurz vor dem großen Durchbruch stehen auf dem Kalender dieses Universal-Clubs. Disco auf zwei Floors und Streetfood runden das Programm ab. *Geöffnet je nach Veranstaltung* | *Bartholomäus-Schink-Str. 67* | *cbe-cologne.de* | *U 4, 5: Venloer Straße/ Gürtel* | *Ehrenfeld* | ▥ *C3*

ROXY

Seit den 70er-Jahren eine Institution im Nachtleben der Stadt. Vielfältiges Partyprogramm für jüngeres Publikum. *Geöffnet je nach Event* | *Aachener Str. 2* | *roxykoeln.de* | *Bahnen und Busse: Rudolfplatz* | *Belgisches Viertel* | ▥ *E5*

BLUE SHELL

Als aktivster Eckpfeiler des ehemals so stolzen Bermudadreiecks erfreut der stoisch in Blau erleuchtete Club seit mehreren Generationen mit einem abwechslungsreichen Live-Programm und gut abgehangenen Club-Sounds. Eine Bank! *Tgl. 21–5 Uhr (bei Konzerten auch früher)* | *Luxemburger Str. 32* | *Tel. 0221 23 12 48* | *blue-shell.de* | *Bahnen und Busse: Barbarossaplatz* | *Belgisches Viertel* | ▥ *E6*

BOOTSHAUS

Der beste Club Deutschlands, wenn es nach dem weltweiten Ranking eines britischen Szenemagazins geht, das jedes Jahr Groß-Clubs (im Ibiza-Stil) vergleicht. Man könnte auch sagen: internationale Top-DJs treffen

Gebäude 9: eine alte Fabrik, heute ein Ort für Konzerte

auf eine ausgelassene Party-Crowd. *Auenweg 173 | Tel. 0221 98 94 48 40 | bootshaus.tv | Bahn 3, 4: Stegerwaldsiedlung | Deutz | ⮑ H4*

GEBÄUDE 9

Yippie, die Abrisspläne zugunsten hochwertiger Lofts konnten abgewendet werden! Nach ihrer Generalüberholung lockt die alte Fabrik seit Ende 2019 wieder mit Konzerten und Partys. Im Atelierhaus nebenan gibt es schräge Kunstausstellungen. *Geöffnet je nach Event | Deutz-Mülheimer Str. 127–129 | Tel. 0221 81 46 37 (Halle, bei Veranstaltungen) | gebaeude9.de | U 3, 4: Koelnmesse | Deutz | ⮑ J3*

GEWÖLBE

Erstklassige Adresse für Club-Nächte mit feiner elektronischer Musik fast aller Spielarten mit verlässlich intimer Atmosphäre. Neuerdings treten auch schon mal Folk-Sänger hier auf. *Geöffnet je nach Event | Hans-Böckler-Platz 2 | gewoelbe.net | U 3, 4, 5: Hans-Böckler-Platz | Belgisches Viertel | ⮑ D4*

DIE WOHNGEMEINSCHAFT

Ein Laden, der sich als weltoffenes Wohnzimmer definiert und seine Gäste mit Camper, Tischtennisplatte und Omasesseln willkommen heißt, – außergewöhnlich heimelig und beliebt. Gute Drinks, sorgsam ausgewählte Musik und Streetfood vor der Tür runden das Wohlgefühl ab. Zum Imperium gehören ein Hostel und eine Bühne für Kleinkunst und Kon-

zerte. *Tgl. 15–2, Sa, So bis 3 Uhr | Richard-Wagner-Str. 39 | Tel. 0221 98 59 30 90 | die-wohngemeinschaft. net | Bahnen und Busse: Rudolfplatz | Belgisches Viertel | ⮑ D5*

MTC

Alteingesessener Kellerclub, in dem schon Größen wie Wilco gespielt haben. Das Programm besteht überwiegend aus Metal, Rockabilly, Punk und Hardcore, doch gelegentlich geht es auch leiser zu. Oben im *Heimspiel* läuft Fußball. *Zülpicher Str. 10 | mtcclub.de | Bahnen Zülpicher Platz | Belgisches Viertel | ⮑ B7*

HEINZ GAUL ⭐

Seit Jahren Kölns bester Club. In der ehemaligen Fabrikhalle legen auch Stars wie DJ Hell auf. Selbst Hauptstädter zeigen sich erstaunt, wie sehr der Laden im Trend liegt. *Geöffnet je nach Event | Vogelsangerstr. 197 | Tel. 0221 9 92 05 90 | facebook: heinzgaul197 | U 3, 4: Venloer Straße/Gürtel | Ehrenfeld | ⮑ B3*

HELIOS 37

Coole Neueröffnung auf dem Helios-Gelände in Ehrenfeld. Die undergroundigen Dance-Sounds werden von anspruchsvollen Licht-Shows untermalt. *Geöffnet für Veranstaltungen | Heliosstr. 37 | facebook: Helios37 | Bahnen und Busse: Venloer Str. | Ehrenfeld | ⮑ C3*

STAPELBAR

Coole Club-Bar in einer ehemaligen Lagerhalle. Der Name ist Programm, denn sämtliche Möbel sind aus – stapelbaren – Europaletten gefertigt. Im Sommer sind die Tische draußen

INSIDER-TIPP
Zusammen macht's mehr Spaß!

begehrt. Hier kann man auch gut Sportevents und sonntags den „Tatort" auf der Leinwand schauen. *Tgl. ab 18 Uhr | Heliosstr. 35–39 | stapel.bar | Bahnen und Busse: Venloer Str. | Ehrenfeld | ᗰ C3*

ODONIEN

Das hier vorherrschende Schrottplatz-Ambiente neben Großbordellen ist einfach einmalig: Im Freiluft-Atelier des Bildhauers Odo Rumpf finden regelmäßig Konzerte, Partys, Performance-Events und Filmvorführungen statt. Der skurrile Biergarten ist bestückt mit Rumpfs Möbelstücken, Wasserspielen und Feuerinstallationen. *Geöffnet je nach Event | Hornstr. 85 | odonien. de | U 5: Gutenbergstraße | Ehrenfeld | ᗰ E2*

TSUNAMI CLUB

Wer kleine Clubs mag, ist in diesem Indie-Laden genau richtig. Livekonzerte, Lesungen oder Kinoabende wechseln sich ab, außerdem trifft man sich zu „Logorrhoe"-Leseabenden, an denen jeder, der will, etwas vortragen kann. *Geöffnet je nach Event | Im Ferkulum 9 | tsunami-club. de | Bahnen und Busse: Chlodwigplatz | Südstadt | ᗰ G7*

CARLSWERK/CLUB VOLTA

Nagelneue Mehrzweck-Location für Konzerte in Mülheims Industrieviertel. Das vielseitige Bühnenpro-

gramm reicht von Soul bis Metal, am Wochenende werden die Hallen tagsüber für Märkte genutzt. *Schanzenstr. 6–20 | Gebäude 2.10 (Club Volta) und Gebäude 3.12 (Carlswerk) | carlswerk-victoria.de | Bahnen und Busse: Keupstr. | Mülheim | ᗰ M1*

LOFT

Im Konzertraum in einer ehemaligen Fabrik sind Jazz und experimentelle Musik zu erleben. *Öffnungszeiten variieren | Wißmannstr. 30 | Tel. 0221 9 52 15 55 | loftkoeln.de | U 5: Liebigstraße | Ehrenfeld | ᗰ D3*

METRONOM

Die nikotingelbe Tapete und die Fotos von Jazz-Größen stammen noch aus der Zeit, als Ende der 1970er Jahre der frühere Wirt Friedel die Stammkneipe alternder 68er-Revoluzzer übernahm.

INSIDER-TIPP
Ein Muss für Nostalgiker

Sein Nachfolger legt heute noch die Original-LPs aus Friedels Zeiten auf, dann erinnert die kratzende Nadel des Plattenspielers an die gute, alte Zeit. *Tgl. ab 20 Uhr | Weyerstr. 59 | Tel. 0221 21 34 65 | Bahnen und Busse: Barbarossaplatz | Zentrum | ᗰ E6*

STADTGARTEN

Veranstaltungsort von Jazzfestivals, Pop- und Rockkonzerten, Lesungen und Diskussionsrunden. *Geöffnet je nach Event | Venloer Str. 40 | Tel. 0221 9 52 99 40 | stadtgarten.de |*

Einem Amphitheater nachempfunden: Konzertsaal der Kölner Philharmonie

Bahnen und Busse: Hans-Böckler-Platz | *Belgisches Viertel* | ◫ *E4*

KLASSIK

HOCHSCHULE FÜR MUSIK UND TANZ

Konzerte und Musiktheater, meist gratis. Vorstellungen im Foyer. *Unter Krahnenbäumen 87 | Tel. 0221 9 12 81 80 | hfmt-koeln.de | U-Bahnen: Breslauer Platz | Eigelstein | ◫ F3*

KÖLNER PHILHARMONIE ★

Gastspiele internationaler Stars, Konzerte des Gürzenich-Orchesters und des WDR-Sinfonieorchesters, Kammermusik, Liederabende. Manchmal treten auch ganz unklassische Bands wie Tocotronic oder die Einstürzenden Neubauten auf. *Kartenvorverkauf: Bischofsgartenstr. 1 |*

Tel. 0221 28 02 80 | koelner-philharmonie.de | Bahnen und Busse: Dom/Hbf. In der Mittagspause gratis der Probe eines der beiden Hausorchester lauschen kann man beim ☞ *PhilharmonieLunch (Tel. 0221 22 12 24 67 | short.travel/koe1).* Die Termine findest du auf der Website. Die Plätze sind begrenzt, daher empfiehlt es sich, schon um 12 Uhr da sein. | *Zentrum* | ◫ *G4*

LITERATUR

LITERATURHAUS KÖLN

Lesungen internationaler Top-Autoren in ehrwürdigem Ambiente, manchmal auch Rezitationen, dazu eine umfangreiche Präsenzbibliothek. *Großer Griechenmarkt 39 | Tel. 0221 9 95 55 80 | literaturhaus-koeln.de | U 16: Schönhauser Straße | Südstadt | ◫ F3*

MUSICALS

MUSICAL DOME

Das blaue Zelt neben der Hohenzollernbrücke sollte ursprünglich nur von begrenzter Lebensdauer sein. Mittlerweile aber haben sich die Kölner an ihren Musical Dome gewöhnt, dessen Programm von „Jesus Christ Superstar" bis hin zu Bühnenversionen von „Harry Potter" ziemlich erfolgreich ist. *Goldgasse 1/Breslauer Platz | Tel. 01805 2001 (*) | musical-dome-koeln. de | eintrittskarten.de | U-Bahnen Dom/Hbf. | Zentrum | ☐ G4*

THEATER, KABARETT & KINO

ATELIER THEATER 👁

Hier begann der TV-Komiker Tom Gerhardt seine Karriere: Kleinkunst mit Kabarettisten. Bis heute stellen junge Talente und arrivierte Künstler hier gern ihre aktuellen Programme auf die Probe. *Roonstr. 78 | Tel. 0221 242485 | ateliertheater.de | Bahnen und Busse: Zülpicher Platz | Ehrenfeld | ☐ E5*

COMEDIA COLONIA

Junges Theater, Gastspiele aus Kabarett und Comedy sowie Theater, Tanz und Konzerte für alle Jahrgänge. *Vondelstr. 4–8 | Tel. 0221 8887 7222 | comedia-koeln.de | U 15, 16: Chlodwigplatz | Südstadt | ☐ F7*

KABARETT-THEATER KLÜNGEL-PÜTZ

Politisches Kabarett, Leseshows und Improvisationstheater auf einer kleinen Bühne. *Gertrudenstr. 24 | Karten-Tel. 0152 04 44 33 68 | kluengelpuetz.de | Bahnen und Busse: Neumarkt | Zentrum | ☐ E–F5*

PUPPENSPIELE DER STADT KÖLN ⭐ 🚩 🎭

Im *Hänneschen-Theater*, auf Deutschlands einziger Stockpuppenbühne, wird auf Kölsch gespielt. Die Stücke sind zeitkritisch und aktuell – frei nach dem Motto: „Wat morjens passeet, kütt ovends op et Tapet" (Was morgens passiert, kommt abends aufs Tapet). Nachmittags gibt's kindertaugliche Familienstücke. *Tageskasse Mi–So 15–18 Uhr | Eisenmarkt 2–4 | 21 Euro, Familienstück 13, Kinder 8,50 Euro | Tel. 0221 2581201 | haenneschen. de | Bahnen und Busse: Heumarkt | Altstadt | ☐ G5*

RESIDENZ ASTOR FILM LOUNGE 🎬

Verstellbare Ledersessel mit Fußbank, Garderobe, Sitzplatzservice

Blau leuchtet der Musical Dome neben der Hohenzollernbrücke

und ein Begrüßungsgetränk: Allein die Atmosphäre im schönen Luxuskino ist schon der halbe Blockbuster- oder Klassiker-Filmgenuss. *Kaiser-Wilhelm-Ring 30–32 | Tel. 0221 91 39 69 13 | koeln.astor-filmlounge. de | Zentrum | ⊞ E4*

SENFTÖPFCHEN
Hier erlebst du erstklassige Shows und Soloabende. Die Kabarettbühne, die seit 1959 existiert, finanziert sich größtenteils über den Getränkeverkauf – daher ist der Wein nicht ganz billig. *Große Neugasse 2–4 | Tel. 0221 2 58 10 58 | senftoepf chen-theater.de | Bahnen und Busse: Dom/Hbf. | Altstadt | ⊞ G4–5*

THEATER IM BAUTURM E.V.
Hier bekommt der Zuschauer anspruchsvolles Unterhaltungstheater mit zeitgenössischen Stücken zu sehen. *Aachener Str. 24–26 | Tel. 0221 52 42 42 | theater-im-bauturm.de |* *Bahnen und Busse: Rudolfplatz | Belgisches Viertel | ⊞ E5*

VOLKSBÜHNE AM RUDOLF-PLATZ ⚑
Lange inszenierte die kölsche Entertainer-Dynastie der Millowitschs hier ihre Geschichten. Heute dient das prächtige, vor wenigen Jahren sanierte Theater als multifunktionale Bühne für (vorzugsweise kölsche) Konzerte. *Aachener Str. 5 | Tel. 0221 2 72 73 70 | volksbueh ne-rudolfplatz.de | Bahnen und Busse: Rudolfplatz | Belgisches Viertel | ⊞ E5*

OFF BROADWAY
Hochklassige Filmauswahl in angenehmem Ambiente. Auch das Café ist eine kultivierte Oase in der zunehmend rummeliger werdenden Zülpicher Straße. Was hier nicht läuft, ist möglicherweise im Schwesterkino *Weisshaus* zu sehen. *Zülpicher Str. 24 | Tel. 0221 8 20 57 33 | off-broadway.de | Bahnen: Zülpicher Platz | Belgisches Viertel | ⊞ B7*

AKTIV & ENTSPANNT

Sand und Sonne satt im Beachcafé an den Rheinterrassen

SPORT, SPASS & WELLNESS

SCHWIMMEN & ENTSPANNEN

Spaß bietet das 👥 🏊 *Aqualand (Mo–Do 9.30–23, Fr 9.30–24, Sa 9–24, So 9–23 Uhr | 2 Std. 14,90, Tageskarte 20,90 Euro, Kinder 7–15 J. 11,90, Tageskarte 15,90, Kinder 3–6 J. 5,50 Euro, bis 2 J. frei, Familienrabatt | Merianstr. 1 | Tel. 0221 7 02 80 | aqua land.de | U 18: Chorweiler Zentrum | Chorweiler | ⌖ 0)* mit Wasserrutschen, Karibik-Flair, Sauna und Fitnessstudio. Ein hochklassiges Thermalbad im Rheinpark mit Innen- und Außenbecken, physikalischen Therapien (Fango etc.) und Sauna ist die 🏊 *Claudius-Therme (tgl. 9–24 Uhr | 2 Std. 13,50, Wochenende u. Feiertage 15,50 Euro, Tageskarte 27,50/29,50 Euro, Sauna: 5 Euro Zuschlag | Sachsenbergstr. 1 | Deutz | Tel. 0221 98 14 40 | claudi us-therme.de | Bahnen und Busse: Deutzer Bhf., dann Bus 150 | Deutz | ⌖ J3)*. Im Preis inbegriffen ist der Ausblick auf den Rhein und den Dom.

Der 👥 *Lentpark (Freibad Mo–Fr 13–20, Sa/So 10–20 Uhr, Hallenbad Di 16–22, Mi–Fr 6.30–22, Sa/So 9–21 Uhr | 4,60, Sommertarif 5,50 Euro, Sauna ab 16,20, Eislaufen ab 8,10 Euro | Lentstr. 30 | Tel. 0221 1 78 24 62 | koelnbaeder.de | U 5, 18: Reichensperger platz | Nippes | ⌖ G2)* ist ein Frei- und Hallenbad mit Saunen. Die hochgelegte Eislaufbahn verläuft über dem Schwimmbecken.

Im Sportpark Müngersdorf punktet das 👥 *Stadionbad (Mitte Mai–Sept. Mo–Fr 10–20, Sa/So 9–20 Uhr, witterungsabhängig | Eintritt 5,50 Euro | Olympiaweg 20 | Tel. 0221 2 79 18 40 | koelnbaeder.de | U 1 Rheinenergiestadion | Müngersdorf | ⌖ 0)*, mit acht Becken und einem Zehnmeterturm.

JOGGEN

Nördlich der Einmündung Machabäerstraße *(⌖ G4)* läufst du ungestört auf der Rheinpromenade ca. 4 km bis zur

Immer am Wasser lang: Jogger am Rheinauhafen

Mülheimer Brücke, vorbei an der Bastei und unter der Zoobrücke hindurch. Immer im Blick die schöne Aussicht auf den Fluss und den Rheinpark gegenüber. Beliebt ist auch die Strecke an den Lindenthaler Kanälen (s. S. 55) bis in den Stadtwald, wo eine autofreie Runde lockt. Wer mag, kann sich dabei mit den Studenten der Sporthochschule messen, die hier ebenfalls ihre Ausdauer trainieren.

INSIDER-TIPP
Um die Wette mit Extremsportlern

SCHWARZLICHT-MINIGOLF

Mit virtuellen Welten muss sich der Gamer von heute nicht mehr begnügen. Überall in der Stadt florieren neue Spielwelten wie der Minigolf-Parcours bei 🏌 *Glowing Rooms (Mo–Do 14–21, Fr 14–0, Sa 10–0, So 10–21 Uhr | ab 10 Euro, Tickets nur online | Venloer Str. 383a | glowingrooms. com | Bahnen und Busse: Ehrenfeld |* *Ehrenfeld* | ⬛ *C3)* mit 3D-Brille, Schwarzlicht und natürlich 18 Löchern.

IM STADION

Der „Effzeh" ist als einer der emotionalsten Fußballvereine des Landes bekannt. Unabhängig von der aktuellen Ligazugehörigkeit feiern die Fans den 1. FC Köln. Wenn bei Toren im *Rheinenergie-Stadion (Aachener Str. 999 | Karten 13–111 Euro | fc.de | U 1: Rheinenergie-Stadion | Müngersdorf | ⬛ 0)* „dat Trömmelche jeht", sind Gänsehautmomente garantiert.

Das Eishockey-Team der Kölner Haie ist der zweite große Publikumsmagnet. Spielort ist die *Lanxess-Arena (Willy-Brandt-Platz 3 | Karten 15–165 Euro | haie.de | Bus u. Bahn: Messe/Deutz | Deutz | ⬛ J5),* eine der schönsten und größten Hallen Europas. Die letzte Meisterschaft datiert auf das Jahr 2002, trotzdem kommen zu Spitzenspielen mehr als 18 000 Zuschauer.

FESTE & EVENTS

JANUAR

⚑ **Loss mer Singe**: In den Wochen vor dem Straßenkarneval werden bei diesem Event die mutmaßlichen Hits der Session vorgestellt. *lossmersinge.de*

Passagen Interior Design Week: Köln wird zur Bühne für edles Design. Inspirierend: 👁 *Design-Parcours Ehrenfeld. voggenreiter.com*

Stunksitzung: Alternativ-kabarettistisch und bissig geht es zu auf dem Gegenpol zum Karneval der Bürgergesellschaften. *stunksitzung.de*

FEBRUAR

Die größten Karnevalsumzüge sind die ⚑ **Schull- un Veedelszöch** (Karnevalssonntag) und der Rosenmontagszug, am närrischsten tobt der ⭐ ⚑ **Straßenkarneval** auf dem Chlodwigplatz.

MÄRZ

Lit.Cologne: Internationales Literaturfest u. a. im Literaturhaus mit spannenden Autoren und Gesprächsrunden im Mediapark. *litcologne.de*

APRIL

⭐ **Art Cologne:** 180 Galerien zeigen moderne Kunst in der Koelnmesse. *Tel. Infos: 0221 82 10 | artcologne.de*

MAI

c/o pop: Das Festival für elektronische Musik findet fünf Tage lang in diversen Kölner Clubs statt. *c-o-pop.de*

Hänneschen-Kirmes: Schminkaktion für Kinder, dazu Karnevalbands auf dem Eisenmarkt. *haenneschen.de*

Photokina: Foto, Video und Imaging – jährliche Messe für Digital- und Projektionstechnik, Ende Mai. *photokina.de*

JUNI

Mülheimer Gottestracht: An Fronleichnam fährt eine Prozessionsflotte von Mülheim auf dem Rhein Richtung Dom.

Eins von vielen Karnevalshighlights: Funkenbiwak am Neumarkt

JUNI/JULI

☞ **Edelweißpiratenfestival:** Jeweils am vorletzten Sonntag vor den großen Schulferien in NRW großes Live-Musikfestival im Friedenspark mit Reggae, Folk, Kölsch-Rock etc. *edelweisspiratenfestival.de*

JULI

☞ **Sommer Köln:** Open-Air-Konzerte, Theater, Filme, Kinderprogramm. *Orte und Termine: sommerkoeln.de*

Christopher Street Day: Bunt-schrille Parade der Lesben und Schwulen immer am ersten Juliwochenende.

Kölner Lichter: Großes Feuerwerk mit Musik auf 6 km Länge am Rheinufer. Nächste Termine: 18. Juli 2020, 10. Juli 2021, 9. Juli 2022. *koelner-lichter.de*

Summer Jam: Dreitägiges Festival für Reggae, Dancehall und verwandte Stilrichtungen am Fühlinger See, verlässlich gutes Line-up. *summerjam.de*

OKTOBER

Intermot: Motorrad,- Roller- und E-Bike-Messe ; in Jahren mit gerader Zahl. *intermot.de*

Preis des Winterfavoriten: Galopp-Highlight auf der Rennbahn Weidenpecher Park. *koelngalopp.de*

Internationales Köln Comedy Festival: 120 Veranstaltungen voller Spaß. *koeln-comedy.de*

NOVEMBER

Elfter im Elften: Eröffnung der Karnevalssession am Heumarkt/Alter Markt

DEZEMBER

Weihnachtsmärkte; neun davon sind im Stadtgebiet verteilt, von klassisch am Dom bis gemütlich am Stadtgarten.

Silvester: Schönster Blick aufs Feuerwerk von der Deutzer Brücke

SCHÖNER SCHLAFEN

GOTISCHE ERHABENHEIT

Modernes Design und zeitgenössische Kunst treffen auf neugotische Architektur. Mit dieser Formel hat das ⭐ *The Qvest (34 Zi. | Gereonskloster 12 | Tel. 0221 2 78 57 80 | qvest-hotel.com | Bahnen und Busse: Christophstr. | €€–€€€ | Eigelstein/Zentrum | ⌖ E4)* im ehemaligen Stadtarchiv (der Vorgänger des Gebäudes, das dem Bau der U-Bahn zum Opfer gefallen ist) ein absolutes Alleinstellungsmerkmal. Individuell eingerichtete Zimmer

INSIDER-TIPP
Happy Friday

und eine insgesamt beeindruckende Aura. In der Bar mixt Barkeeper Burkhard zum Abschluss der Woche den besten Gimlet der Stadt.

EINE RUNDE SACHE

Das Gerling-Quartier galt lange als Kölner Sorgenkind. Seit der Eröffnung des *25 Hours (207 Zi. | Im Klapperhof 22–24 | Tel. 0221 16 25 30 |*

25hours-hotels.com | €€/€€€ | Bahnen und Busse: Friesenplatz | Zentrum | ⌖ E4) hat sich das komplett gewandet. Der Rundbau des einstigen Versicherungsdomizils (daher der Zusatz „The Circle") überzeugt mit verspieltem Retro-Futurismus und offenen Raumkonzepten – von den Dachterrassen mit Domblick ganz zu schweigen.

DESIGN IN ALTEN MAUERN

Schlafen in einem ehemaligen Stiftshaus? Das ist im *Hopper St. Josef (65 Zi. | Dreikönigenstr. 1–3 | Tel. 0221 99 80 00 | hopper.de | €€ | Bahnen und Busse: Chlodwigplatz | Belgisches Viertel | ⌖ E4)* möglich. Das eigentümergeführte Haus befindet sich in einem denkmalgeschützten Haus von 1891 in der Südstadt, ruhig und doch zentral gelegen. Das Frühstück wird in einer einstigen Kapelle serviert, im Keller gibt es einen kleinen Wellnessbereich mit finnischer Sauna.

Luxuszimmer unter dem Dach des Chelsea Hotels

EIN KUNSTGRIFF

In den 80er und 90er Jahren galt Köln als Kunstmetropole Europas. Damals haben Revolutionäre wie Martin Kippenberger im *Chelsea Hotel (39 Zi. | Jülicher Str. 1 | Tel. 0221 20 71 50 | ho tel-chelsea.de | Bahnen und Busse: Rudolfplatz | €€ | Belgisches Viertel | ⊞ D5)* genächtigt und ihre Rechnungen mit Werken beglichen, die zum Teil noch in den Zimmern hängen. Das Dach mit sieben Luxuszimmern hat Architekt Hartmut Gruhl in dekonstruktivistischem Stil ausgebaut.

NEOBAROCKER SCHICK

Individuell im neobarocken Schick eingerichtete Luxuszimmer und eine sehr familiäre Atmosphäre machen das *Humboldt (Kupfergasse 10 | Tel. 0221 27 24 33 87 | humboldt1.de | Bahnen und Busse: Appellhofplatz | €€€ | Zentrum | ⊞ F4)* zu einer exklusiven Adresse mitten in der City.

DIE HOSTEL-VARIANTE

Freundlich und preiswert. 600 m vom Bahnhof Köln-West entfernt am Rand des quirligen Party-Stadtteils Ehrenfeld liegt das *Weltempfänger Hostel (14 Zi. | Venloer Str. 196 | Tel. 0221 99 57 99 57 | koeln-hostel.de | U 3, 4 Piusstr. | € | Ehrenfeld | ⊞ D3)*. Frühstück kostet im Café für Hostel-Gäste 4,50 Euro, eine Küche steht für Selbstversorger zur Verfügung. Für die Spinde muss man Schlösser leihen oder selbst mitbringen. Abends gibt es kostenlose Konzerte.

ZU SCHÖN ZUM SCHLAFEN

Schlafwagen, Raumschiff, Zirkus? Die Zimmer der *Wohngemeinschaft (17 Zi. | Richard-Wagner-Str. 39 | Tel. 0221 98 59 30 91 | die-wohngemein schaft.net | Bahnen und Busse: Rudolfplatz | € | Belgisches Viertel | ⊞ D-E5)* sind so abgedreht, dass man gar nicht schlafen möchte.

ERLEBNIS TOUREN

Lust, die einzigartigen Facetten der Stadt zu entdecken? Dann sind die Erlebnistouren genau das Richtige für dich! Ganz einfach wird es mit der MARCO POLO Touren-App: Die Tour über den QR-Code aufs Smartphone laden – und auch offline die perfekte Orientierung haben.

Terrassen am Fischmarkt und Stapelhaus

Einfach QR-Code scannen und alle
Karten & Infos zu unseren Touren
auch unterwegs parat haben!

go.marcopolo.de/koe

DIE ERLEBNISTOUREN IM ÜBERBLICK

Riehl

Nippes

Bickendorf

Vogelsang

Ehrenfeld

Innere Kanal-Str.

Stationen kölscher Eigenart ③

Den Römern und Künstlern auf der Spur ②

Lindenthal

Stadtwald

Sülz

Kletten-berg

Efferen

HÜRTH

Aachener Str.

Venloer Str.

Venloer Str.

Mertengürtel

Stadtwaldgürtel

Dürener Str.

Sülzgürtel

Militärringstr.

Luxemburger Str.

Klettenberg-gürtel

Zollstock-gürtel

Park-gürtel

Neusser

Hansaring

Hoher

Hohenstaufen-ring

Sach

Konrad-Adenauer-Ufer

Deu

①

④

Severins-brücke

Holz-markt

Gustav-Heinemann-U

Rhein

Köln perfekt im Überblick ①

Bayenthal

Zollstock

Marienb

Militär- rings

▲
2 km
1.24 mi

Mit dem Rad durch die Auen

❶ KÖLN PERFEKT IM ÜBERBLICK

➤ Köln von oben nach dem Aufstieg zum Dom
➤ Moderne Architektur in einer alten Stadt: der Rheinauhafen
➤ Von Rembrandt bis Renoir im Wallraf

📍 Café Reichard   🏁 Senftöpfchen

→ 6,5 km   🚶 1 Tag, reine Gehzeit 2 Stunden

ℹ️ Kosten: KVB-Kurzstrecken-Ticket 1,90 Euro, Panorama-Schifffahrt (1 Stunde) ca. 10 Euro
Für Besichtigungen 18 Euro pro Person einplanen.
❶❾ **Senftöpfchen:** Eintritt ab 24 Euro. Vorab Karten besorgen!

RAUF GEHT'S AUF DEN DOM!

Alle Wege beginnen am Wahrzeichen der Stadt: am Dom ➤ S. 31. Einen spektakulären Blick auf die Außenfassade hast du vom ❶ Café Reichard ➤ S. 64 aus. Hier stärkst du dich mit einem ausgiebigen Frühstück (City-Frühstück 6,90 Euro) *für den Aufstieg* auf den ❷ Domturm *(5 Euro):* Köln von oben, ein sagenhafter Anblick! Doch auch am Boden gibt es genug zu sehen. Die ❸ Domplatte rahmt die Kathedrale ein, hier eine Demo, da ein Straßenmusiker und immer wieder: Touristen beim Selfie-Versuch im meist strammen Wind.

❶ Café Reichard

❷ Domturm

❸ Domplatte

ENTSPANNT BOOT FAHREN

Vom Heinrich-Böll-Platz am Museum Ludwig bringen dich die Treppenstufen direkt ans Rheinufer. Auf dem Tunneldeckel liegt der Rheingarten ➤ S. 34. Jetzt bist du im Herzen Kölns angelangt. Hier *spazierst du bis zur* ❹ Schiffsanlegestelle Hohenzollernbrücke, von wo aus du mit einem der Ausflugsschiffe eine Rheinfahrt unternehmen kannst – Panoramablicke inklusive!

❹ Schiffsanlegestelle Hohenzollernbrücke

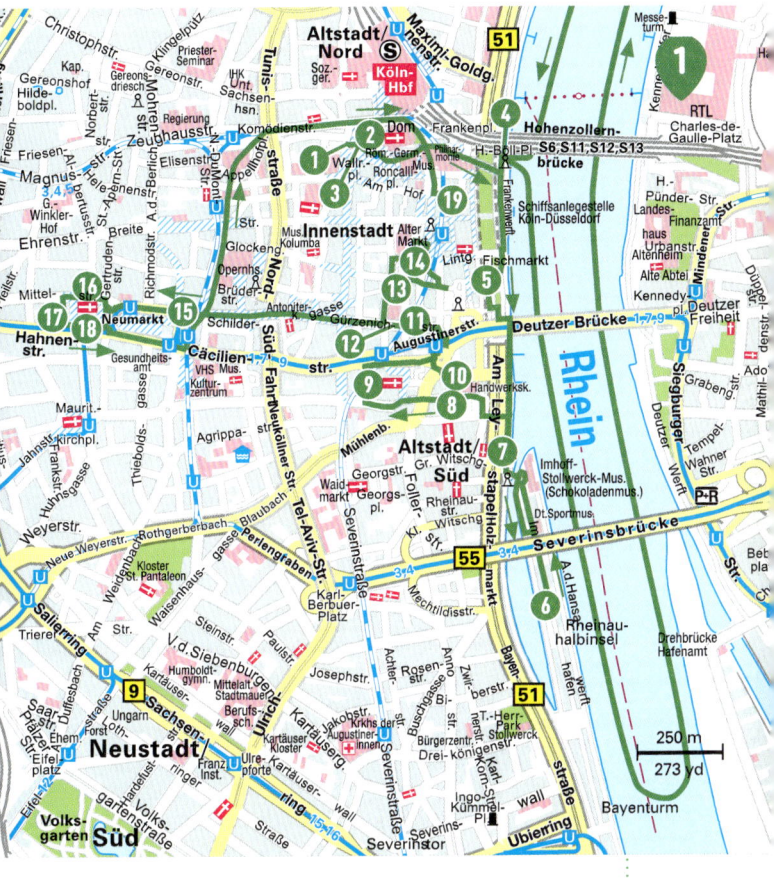

PRÄCHTIGE KIRCHEN UND GIEBELHÄUSER

Zurück an Land gehst du an den Giebelhäusern der Altstadt vorbei *Richtung Deutsche Brücke*. Im ❺ **Haxenhaus zum Rheingarten** *(Frankenwerft 19)* hat man an den Wänden die Hochwasserstände der Vergangenheit markiert. *Du gehst weiter auf der Uferpromenade zum* **Rheinauhafen** ➤ S. 50, *hinterm Malakoffturm links über die historische Drehbrücke auf die Rheinauhalbinsel, am* **Schokoladenmuseum** ➤ S. 49 *vorbei, dann erreichst du die drei* ❻ **Kranhäuser**. Sie nehmen die Form der alten Lastkräne auf, ein Stückchen weiter stehen noch zwei historische Exemplare auf der Pro-

❺ **Haxenhaus zum Rheingarten**

❻ **Kranhäuser**

menade. *Zurück an der Drehbrücke überquerst du die Rheinuferstraße* zur Besichtigung einer der zwölf romanischen Kirchen Kölns, **❼ St. Maria Lyskirchen** ➤ S. 38. *Über die Lyskirchenuferstraße gelangst du* zum ältesten noch genutzten Gebäude der Stadt, dem prächtigen **❽ Overstolzenhaus** ➤ S. 38, dessen flämische Giebelkunst seit 1230 beeindruckt. *Von dort ist es über die Straße An der Malzmühle nur ein Katzensprung zum Lichhof,* dem Vorplatz an der Chorseite von **❾ St. Maria im Kapitol** ➤ S. 38 mit der Dreikönigspforte (im Volksmund „Dreikünningspöözje").

INSIDER-TIPP
Für die Ewigkeit gemacht

❼ St. Maria Lyskirchen

❽ Overstolzenhaus

❾ St. Maria im Kapitol

KULTUR NACH DEM MITTAGESSEN

Zur Mittagspause in der **❿ Brauerei zur Malzmühle** ➤ S. 62 bekommst du kölsche Lebensart geboten. *An der Augustinerstraße nimmst du den Fußgängerüberweg an den Straßenbahngleisen,* gelangst so auf den *Heumarkt mit dem Reiterdenkmal und biegst nach links in die Gürzenichstraße ein.* Hast du Lust, bei **⓫ Deiters** ➤ S. 80 in den Karnevalskostümen zu stöbern? Das **⓬ Ballhaus Gürzenich** ➤ S. 38 *eine Ecke weiter* ist Kölns gute Stube: hier treffen sich im Karneval alle, die in Köln Rang und Namen haben. *Am Quatermarkt an der Westseite des Gürzenich* passierst du die **Ruine von Alt St. Alban** ➤ S. 38. *Zerstört im Zweiten Weltkrieg hat man sie als Mahnmal so belassen.* Im **⓭ Wallraf-Richartz-Museum & Fondation Corboud** ➤ S. 37 kannst du die Meisterwerke der Kunstgeschichte von Rembrandt bis Renoir bewundern und *schräg gegenüber* im **⓮ Historischen Rathaus** ➤ S. 35 die geräumige Piazetta (Foyerhalle) mit dem Baldachin-Kunstwerk, „Wolke" genannt, des Malers Hann Trier.

❿ Brauerei zur Malzmühle

⓫ Deiters

⓬ Ballhaus Gürzenich

⓭ Wallraf-Richartz-Museum & Fondation Corboud

⓮ Historisches Rathaus

SHOPPING AM NEUMARKT

Die jüdische Gemeinde Kölns ist die älteste nördlich der Alpen. Im Mittelalter schloss sich ihr Viertel an das Rathaus an, dort, wo man auf dem Rathausvorplatz bis voraussichtlich 2021 das **Jüdische Museum** ➤ S. 36 baut. *Die Straße Obenmarspforten bringt dich zur Hohen Straße. Biege nach links ab und dann auf die Schildergasse,* über die du zum Herz der Shoppingzone, dem ⑮ Neumarkt ➤ S. 76 gelangst. In der Neumarkt-Galerie ➤ S. 81 heißt es nun: „Shop till you drop."

KUNSTSCHÄTZE UND KABARETT

Wenn du schon mal hier bist, solltest du dir die Kunstschätze in ⑯ St. Aposteln ➤ S. 44 nicht entgehen lassen. *Direkt gegenüber der Kirche* residiert im Amerika-Haus der ⑰ Kölnische Kunstverein ➤ S. 44, in dessen Räumen jüngere internationale Künstler Installationen zeigen. Auf dem Platz lädt bei schönem Wetter die Terrasse des ⑱ Riphahn *(Di–Sa 10–24, So 10–18 Uhr | Apostelnkloster 2 |Tel. 0221 99 87 45 77 | riphahn.com | Bahnen und Busse: Neumarkt)* ein. *Vom Neumarkt bringen dich die Linien U 5, 16, 18 zwei Stationen zurück zur Haltestelle Dom/Hauptbahnhof.* Dort lässt du den Abend mit Kabarett ausklingen, vorausgesetzt, du hast für das Theater ⑲ Senftöpfchen ➤ S. 97 rechtzeitig Karten besorgt. Es liegt *nur wenige Minuten Fußweg von der U-Bahn-Haltestelle Richtung Altstadt* entfernt.

⑮ **Neumarkt**

⑯ **St. Aposteln**

⑰ **Kölnischer Kunstverein**

⑱ **Riphahn**

⑲ **Senftöpfchen**

Blickfang und Ausflugsziel: die Kranhäuser am Rheinauhafen

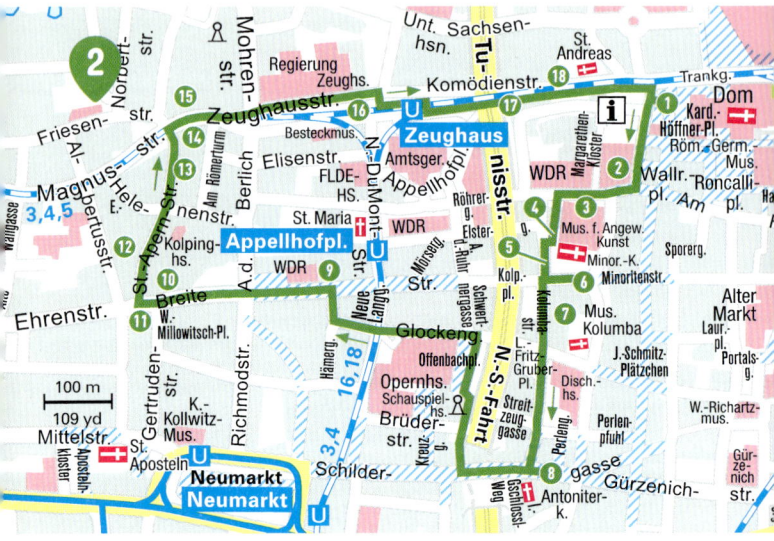

➋ DEN RÖMERN UND KÜNSTLERN AUF DER SPUR

➤ Entdecke die Kunst im öffentlichen Raum
➤ Ein kurzer Ausflug in die Welt der Römer
➤ Coole Galerien mit wegweisenden Exponaten

📍 Römisches Nordtor	🏁 Römisches Nordtor
↻ 3 km	🚶 2,5–4 Stunden, reine Gehzeit 45 Minuten

ℹ Beachte die unterschiedlichen Ruhetage der Museen!
➑ Babor Beauty Spa: Vorab Wellnessangebot buchen!

➊ Römisches Nordtor

VON DER DOMPLATTE ZUR MINORITENKIRCHE

An der nordwestlichen Ecke der Domplatte steht das ➊ Römische Nordtor ➤ S. 31, ein Teil der römischen Stadtbefestigung, von dem aus die Hauptstraße, der *Cardo Maximus*, nach Süden verlief. Der Architurstil des ❷ **WDR-Funkhauses** am Wallrafplatz aus dem Jahr 1948 ist typisch für die Wiederaufbauphase der unmittelbaren Nachkriegszeit. *Schau mal ins* **Foyer** mit den künstlerischen Treppenhausverglasungen. Im Stil der Wirtschaftswunderjahre ist auch das **Café im Funkhaus** *(funkhaus-koeln.de)* eingerichtet. *In der Straße An der Rechtschule* stößt du mit dem ❸ **Museum für Angewandte Kunst** ➤ S. 40 ebenfalls auf ein Gebäude der Nachkriegsarchitektur. Das ❹ **Kolpingdenkmal** *ein paar Schritte weiter* erinnert an den „Gesellenvater" Adolf Kolping, der in St. Mariä Empfängnis, der Minoritenkirche, ebenfalls am Kolpingplatz gelegen, die Priesterweihe empfing und dort auch begraben wurde. Modernes gibt's hier auch zu sehen: *An der Ecke zur Drususgasse/Minoritenstraße* wurde eine abstrakte ❺ **Stele von Michael Croissant** (1993) aufgestellt. Einige Meter links steht *vor der Kirche auf dem Bürgersteig* eine ebenfalls moderne ❻ **Plastik des Bildhauers Carlo Wloch** (1992). Sie zeigt den Kölner Astronomen Johann Adam Schall von Bell, der im 17. Jh. zeitweise am chinesischen Kaiserhof lebte.

TANKE KUNST UND ENTSPANNUNG

Folge der Kolumbastraße zum Kunstmuseum ❼ **Kolumba** ➤ S. 40. Der Architekt Peter Zumthor hat mit dem Gebäude 2007 einen markanten städtebaulichen Akzent gesetzt. Nach dem Museumsbesuch ist Entspannung angesagt, *gehe dazu die Herzogstraße entlang bis zur Schildergasse* zum ❽ **Babor Beauty Spa** *(Schildergasse 39 | 4. Etage | über der Douglas-Filiale, eigener Eingang via Metalltür | Massagen ab 59 Euro | Tel. 0221 27 74 47 79 | baborspa.de)*, wo du dein vorab gebuchtes Angebot, etwa eine Relaxmassage, genießt.

SHOPPING, KAFFEE, GALERIEN

Zurück vor dem Kolumba biegst du links ab, überquerst die Tunisstraße und gelangst in die Glockengasse. Der weitere Spazierweg führt am **Stammhaus von 4711 – Eau de Cologne** ➤ S. 21 vorbei zur Einkaufspassage ❾ **DuMont-Carré** ➤ S. 81, die mit ei-

❷ WDR-Funkhaus
❸ Museum für Angewandte Kunst
❹ Kolpingdenkmal
❺ Stele von Michael Croissant
❻ Plastik des Bildhauers Carlo Wloch
❼ Kolumba
❽ Babor Beauty Spa
❾ DuMont-Carré

Glockenspiel an der Fassade des 4711-Hauses

nem Outlet des Online-Großhandels *Zalando* zu einer Shoppingpause lockt. Lust auf eine Tasse Kaffee? Ganz in der Nähe liegt das ⑩ Café Fromme *(Breite Str. 122 | feinetorten.com)*. Jeder, der die Toiletten im Untergeschoss aufsucht, kommt an einem römischen Mauerrest vorbei. Von der Terrasse aus siehst du schon den ⑪ Willy-Millowitsch-Platz, auf dem ein Bronzedenkmal für den beliebten Volksschauspieler steht. *Vom Café aus direkt um die Ecke nach rechts triffst du in der St. Apern-Straße* auf tonangebende Kunst- und Antiquitätenhandlungen. Junge Fotografen und Designer zeigt die ⑫ Art Galerie 7 *(St.-Apern-Str. 7)*, zeitgenössische Malerei und Plastiken findest du in der ⑬ Galerie Biesenbach *(Sankt-Apern-Str. 44–46)*.

WAS DIE RÖMER HINTERLIESSEN

Die St.-Apern-Straße ist die westliche Begrenzung der alten Römerstadt. Davon ist *an der nächsten Ecke* noch der ⑭ Römerturm ➤ S. 43 erhalten mit seinen ornamentalen Verzierungen im Mauerwerk. *Schräg gegenüber* steht das ⑮ Galerienhaus *(Zeughaus-*

⑩ **Café Fromme**

⑪ **Willy-Millowitsch-Platz**

⑫ **Art Galerie 7**

⑬ **Galerie Biesenbach**

⑭ **Römerturm**

⑮ **Galerienhaus**

str. 26) von Dr. Ralf-P. Seippel, der auf drei Etagen junge Künstler aus Australien und Südafrika ausstellt. Bis zum Dom ist es nun *exakt 1 km entlang der alten Römermauer*, von der einen Häuserblock weiter ein Teilstück erhalten ist. Im Zeughaus mit den Stufengiebeln residiert das ⑯ **Kölnische Stadtmuseum** ➤ S. 41, direkt dahinter befindet sich der neoklassizistische **Römerbrunnen** ➤ S. 42. *Überquere wieder die Tunisstraße*, schau dir an der rechten Ecke die Fundamente des römischen ⑰ **Lysolphturms** an und schließlich erreichst du die romanische Kirche ⑱ **Sankt Andreas** ➤ S. 42, deren Umgebung der Bildhauer Ansgar Nierhoff gestaltet hat. Von hier sind es *nur wenige Meter zum Ausgangspunkt der Tour*, dem ❶ **Römischen Nordtor**.

⑯ **Kölnisches Stadtmuseum**

⑰ **Lysolphturm**

⑱ **Sankt Andreas**
❶ **Römisches Nordtor**

❸ STATIONEN KÖLSCHER EIGENART

➤ **Auf den Spuren Kölner Legenden**
➤ **Ein herrlicher Blick auf die „Schäl Sick"**
➤ **Der Eigelstein: Wo das Mittelalter noch lebt**

📍	Tünnes-und-Schäl-Denkmal	🏁	Tünnes-und-Schäl-Denkmal
🔄	4,5 km	🚶	3,5 Stunden, reine Gehzeit 1 Stunde
ℹ️	Für's ❹ **Hänneschen-Theater** vorab Karten reservieren!		

KÖLNER KULT-PUPPEN ZUSEHEN

Die Helden unzähliger kölscher Witze ehrt das ❶ **Tünnes-und-Schäl-Denkmal** ➤ S. 34 *im Brigittengässchen*. Ein paar Meter weiter informiert die ❷ **Schmitz-Säule**, dass sich hier einst die Römer mit den Ubiermädchen trafen und den Stammbaum der Familie Schmitz begründeten, die im Telefonbuch heute acht Seiten füllt. *Wenn du die Lintgasse überquerst, führt dich eine Passa-*

❶ **Tünnes-und-Schäl-Denkmal**
❷ **Schmitz-Säule**

Theodor-
Heuss- Ring
Ebertpl.
Schiff-
fahrtsa.
Bastei
Thürmchens-wall
FHS
Musik-
hoch-
sch.
Dagobert-hoch-
sch.
str. St.
Marien-
Hospital
St.
Kunibert
Joh.
hs. str.
51
Rhein
Machabäer-
Domstr.
Johannisstr.
Konrad-
Adenauer-U
200 m
219 yd
Weidengasse
Im
Stavenhof
str.
Eintracht-
str.
Ursulastr.
Maximilienstr.
Turiner-
16/18 Str.
Eigelstein
Soz-
ger.
Köln-
Hbf
Goldg.
Komö-
dienstr.
Dom
Frankenpl.
Hohenzollern-
S6,S11,S12,S13
brücke
H.-Böll-Pl.
Phihar-
monie
Röm.-Germ.
Mus.
Roncalli-
pl.
Wall-
pl.
Am
Hof
Schiffsanlegestelle
Köln-Düsseldorf
Mus.
Kolumba-
str.
Brücken-
str.
Gr. Budeng.
Alter
Markt
Raths.
Innenstadt
Fischmarkt
Hohe Str.
Schildergasse
Antoniter-
k.
Gürzenich-
str.
Augustinerstr.
werft
Deutzer Brücke
1,7,9

❸ Ostermannbrunnen

❹ Hänneschen-Theater

❺ Rote-Funken-Plätzchen

❻ Das kleine Stapel-häuschen

❼ Bastei

❽ Weckschnapp

ge zum ❸ **Ostermannbrun-nen** ➤ S. 34 mit Figuren aus den Liedern des Volkssängers. *Durch die Passage auf der anderen Platzseite erreichst du die Salzgasse. Wende dich nach links Richtung Rhein, etwas weiter geht rechts die äußerst schmale Tipsgasse zum Eisenmarkt ab.* Hier ist das ❹ **Hänneschen-Theater** ➤ S. 96 zu Hause. Die Figuren kultivieren die lokale Mundart, 🎭 die Kindervorstellungen sind ein Erlebnis für jeden – dort brauchst du auch keinen Kölsch-Hochdeutsch-Übersetzer.

INSIDER-TIPP
Kult-Puppen-theater

FOLGE DEM RHEIN

Folge der Treppe nach unten zur Gasse Auf dem Rothenberg. Auf dem Weg links Richtung Fischmarkt passierst du das ❺ **Rote-Funken-Plätzchen** mit dem Denkmal für die einstigen Stadtsoldaten, die heute die älteste Karneval-Truppe darstellen. Danach legst du auf einer der vielen Bierterrassen, etwa bei ❻ **Das kleine Stapelhäuschen** *(Fischmarkt 1–3 | kleines-stapelhaeuschen.de | €),* eine kurze Pause ein. *Nun gehst du entlang des Rheins nach Norden*, vorbei am **Rheingarten** ➤ S. 34, unter der Hohenzollernbrücke hindurch mit Blick auf die alten Messehallen (heute Sitz von RTL) und den Rheinpark auf der anderen Flussseite. An der ❼ **Bastei** endet das mittelalterliche Köln, sie war Teil der preußischen Stadtbefestigung im 19. Jh. Doch der Turm auf der anderen Straßenseite stammt aus der Zeit um 1400 und wird ❽ **Weckschnapp** ➤ S. 49 genannt. Er gehörte zur mittelalterlichen Kunibertstorburg und diente als Gefängnis.

KURZ IN DEN ORIENT UND ZURÜCK ZUM DOM

Über den Thürmchenswall und den Gereonswall spazierst du an der mittelalterlichen Stadtumwallung entlang, von der aber heute nur noch die **⑨ Eigelsteintorburg** ➤ S. 47 übrig geblieben ist. *An der* **⑩ Weidengasse** ➤ S. 48 *geht's nach links*, vorbei an skurrilen Trödelläden und exotischen türkischen Geschäften – hier fühlt man sich wie im Orient. Kölner Lokalkolorit schnupperst du dagegen bei einer Pause im **⑪ Weinhaus Vogel** ➤ S. 63, *dafür biegst du nach links in den Eigelstein. Über den Eigelstein und die Marzellenstraße gelangst du dann auch zurück zum Dom* ➤ S. 31. An der Südseite der Domplatte (Roncalliplatz) liegt die Straße Am Hof mit dem **⑫ Heinzelmännchen-Brunnen** ➤ S. 32. Auf dem Alten Markt steht das Haus Nr. 24, wo dir an der Dachrinne die Figur des **⑬ Kallendressers** ➤ S. 35 sein entblößtes Gesäß entgegenstreckt. *Über den Rathausplatz und die Lintgasse* kommst du zum Ausgangspunkt der Tour, dem **① Tünnes-und-Schäl-Denkmal** ➤ S. 34, zurück.

⑨ Eigelsteintorburg

⑩ Weidengasse

⑪ Weinhaus Vogel

⑫ Heinzelmännchen-Brunnen

⑬ Kallendresser

① Tünnes-und-Schäl-Denkmal

Heinzelmännchen-Brunnen: Märchenszene als Symbol für den Aufbruch in die Moderne

❹ MIT DEM RAD DURCH DIE AUEN

➤ Mit der Straßenbahn an den Stadtrand
➤ Rundkurs durch einen Pappelhain auf einer Insel
➤ Fahrradtour am Rhein entlang zurück in die City

📍 Zündorf

🏁 Altstadt

→ 17 km

🚲 3 Stunden, reine Fahrzeit 1,5–2 Stunden

ℹ️ Kosten: 6 Euro für zwei KVB-Tickets (für je eine Person mit Rad, Tarif 2b)
Achtung: Rad muss ein paar Stufen hinuntergetragen werden! Verleih: *Colonia Aktiv (9 Euro/3 Std. | Gereonswall 2–4 | Tel. 0221 34 66 95 57 | Colonia-Aktiv.de)*, Radstation am Hauptbahnhof *(6 Euro/3 Std. | Breslauer Platz | Tel. 0221 1 39 71 90 | radstationkoeln.de)*, alternativ kannst du auch das Bike-Sharing der KVB ausprobieren *(Anmeldung über die App | 10 Euro/Monat Grundgebühr, 1 Euro/30 Min. | kvb-rad.de)*.

❶ Zündorf

❷ Zündorfer Wehrturm

MIT DER BAHN ZUM STARTPUNKT DER TOUR

Die KVB-Linie 7 bringt dich in 34 Min. vom Neumarkt zur Endhaltestelle ❶ Zündorf *am südöstlichen Rand von Köln. Dein Fahrrad kannst du in der Bahn bequem mitnehmen. An der Endhaltestelle angekommen, fährst du auf der Wahner Straße nach rechts, biegst anschließend wieder nach rechts in die Schmittgasse ab, und zwei Straßen weiter links in die Hauptstraße. Wo diese dann einen Knick macht,* siehst du schon den 20 m hohen ❷ Zündorfer Wehrturm *(Mi, Sa 15–18, So 14–18 Uhr | Hauptstr. 181 | museum-zuendorfer-wehrturm.de).* Er stammt aus dem 12. Jh. und ist das älteste profane Gebäude in Porz, das 1975 nach Köln eingemeindet wurde. Der Turm dient heute als Außenstelle des Kölnischen Stadtmuseums, hier sind Ausstellungen Kölner Künstler zu sehen.

MIT BLICK AUF DEN RHEIN

Über ein paar Stufen rechts neben dem Turm geht's auf der Straße Markt nach Süden am Rhein-Nebenarm entlang. Immer am Wasser entlang fährst du bis zum Ende der Oberen Groov, *biegst rechter Hand auf die Halbinsel,* die ❸ Groov, *ab und radelst durch einen wunderschönen Pappelhain in die entgegengesetzte Richtung zurück* bis zu den Ausflugslokalen. Wenn du Glück hast, bekommst du im Biergarten der ❹ Groov Terrasse *(Mo–Fr ab 17, Sa/So ab 12 Uhr | Am Markt 4 | Tel. 02203 8 55 44 | groov-terrasse.de | €)* einen Tisch direkt am Wasser. Gemütlich ist auch eine ❺ Tretbootfahrt *(7,60 Euro/0,5 Std.)* auf dem Binnengewässer.

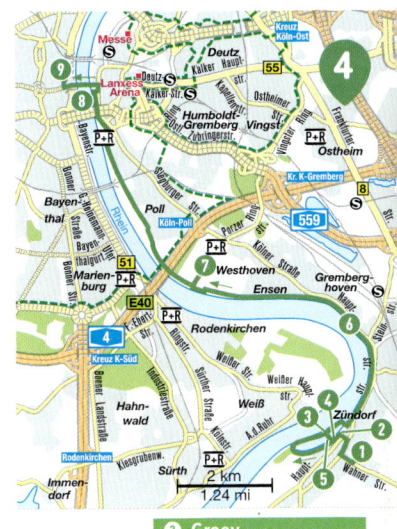

PICKNICKDECKE EINGEPACKT?

Am kleinen Yachthafen vorbei führt der Leinpfad *am Rhein entlang nach Norden*. Halte an einer der vielen kleinen ❻ Buchten und Strände zwischen Porz und Ensen für eine kleine Rast oder ein Picknick.

DIE SKYLINE GENIESSEN

Vor der Rodenkirchener Autobahnbrücke geht es ein Stück durch die ❼ Westhovener Aue, *die früher von den belgischen Streitkräften als Manövergelände benutzt wurde und völlig naturbelassen ist. Schilder warnen vor dem Verlassen der Wege, weil im Gebüsch vielleicht beim Abzug übersehene Munition liegen könnte. Du fährst weiter rheinabwärts Richtung Südbrücke* – oben auf dem Damm entlang oder unten auf den Poller Wiesen ► S. 56, zwischen dem Wasser und den Sportplätzen. Lauschig geht es unter den schattigen Bäumen *auf der Alfred-Schütte-Allee weiter, bis du über die alte Drehbrücke auf die* ❽ Deutzer Werft *gelangst.* Hier hast du einen wunderbaren Ausblick auf den Dom und das Altstadtpanorama. *Über die Deutzer Brücke kommst du wieder zurück in die* ❾ Altstadt.

❸ Groov

❹ Groov Terrasse

❺ Tretbootfahrt

❻ Buchten und Strände zwischen Porz und Ensen

❼ Westhovener Aue

❽ Deutzer Werft

❾ Altstadt

GUT ZU WISSEN

DIE BASICS FÜR DEINEN STÄDTETRIP

ANKOMMEN

ANREISE

Am bequemsten ist die Anreise mit der Bahn. Der Kölner Hauptbahnhof liegt mitten in der Stadt und gehört zu den betriebsamsten ganz Euro-pas. Züge kommen täglich aus allen größeren deutschen Städten an. Zu beachten ist, dass einige Züge nur in Deutz am östlichen Rheinufer halten. Dies gilt vor allem für die Züge, die vom Ruhrgebiet nach Frankfurt/M. fahren. S-Bahnen und Regionalzüge verbinden beide Bahnhöfe beinahe im Minutentakt. Vom Hauptbahnhof ist eine Weiterfahrt per Taxi (Stände an beiden Ausgängen) ebenso mög-lich, wie die Benutzung der U-Bahn (Station Dom/Hbf. oder Breslauer Platz). In die Altstadt oder ins Eigel-steinviertel gelangst du binnen we-nigen Minuten zu Fuß.

Wenn du mit dem Flugzeug anreist, kommst du am Konrad-Adenau-er-Flughafen Köln-Bonn an, der ca. 15 km vom Stadtzentrum entfernt liegt. Bei normalem Verkehr dauert eine Taxifahrt von dort in die Innen-stadt, z. B. zum Dom, etwa 20 Min. (Preis ca. 35 Euro).

GRÜN & FAIR REISEN

Du willst beim Reisen deine CO_2-Bilanz im Hinterkopf behal-ten? Dann kannst du deine Emis-sionen kompensieren (atmosfair. de; myclimate.org), deine Route umweltgerecht planen (route-rank.com) oder auf Natur und Kultur (gate-tourismus.de) ach-ten. Mehr über ökologischen Tou-rismus erfährst du hier: oete.de (europaweit); germanwatch.org (weltweit).

Am Rheingarten reicht die Innenstadt bis an den Fluss

INSIDER-TIPP
Günstig vom Flughafen in die City

🐂 Genauso schnell, aber günstiger und umweltfreundlicher fährst du mit der Bahn in die Innenstadt. Die S 13 und der RE 8 brauchen 20 Min., das Ticket kostet 2,70–3,60 Euro. Vom Flughafen Düsseldorf gelangst du in 45–60 Min. nach Köln, mit dem Taxi für ca. 90–100 Euro, mit der S-Bahn ca. 15 Euro, oder mit dem IC für 20 Euro. In der Stadt wirst du schnell merken, dass Köln voll auf Autofahrer eingestellt ist. Während des Berufsverkehrs sind die Ringe und alle Ausfallstraßen hoffnungslos überlastet. Wenn du trotzdem mit dem Pkw anreist, kannst du in der City ab 16 Euro pro Tag Parkhäuser benutzen. Günstig und zentral ist das Parkhaus am Heumarkt. In der City dürfen Autos nur mit grüner Umweltplakette unterwegs sein. Fernbusanbieter findest du u. a. bei *buslinensuche.de*.

KLIMA UND REISEZEIT

Die Kölner Winter sind relativ mild, Schnee bleibt selten länger als einen Tag liegen. Im Sommer herrscht in der Kölner Bucht oft eine drückend-schwüle Witterung ohne großen Luftaustausch. Davon abgesehen aber ist die Stadt ein Ganzjahresziel.

ÜBERNACHTEN

Die Übernachtungspreise in Köln liegen für eine deutsche Großstadt auf Durchschnittsniveau. Am schönsten sind inhabergeführte Hotels wie das *The Qvest* oder kleine Ketten wie *25 Hours* und das *Hopper St. Josef* (alle s. S. 104). Bei der Planung solltest du berücksichtigen, dass Köln während der vielen Messen ausgebucht ist und die Preise durch die Decke gehen. Dasselbe gilt für die Karnevalstage, die weit im Voraus ausgebucht sind.

MOBIL SEIN

E-SCOOTER

Seit Juni 2019 gehören E-Scooter zum Stadtbild. Rund 2000 Stück wurden zum Start in der Kölner City platziert von den drei Unternehmen, auf die sich der Markt zunächst aufteilt: *Lime (li.me/de), Tier (tier.app)* und *Circ (circ. com)*. Die Handhabung funktioniert bei allen dreien ähnlich: Kunden müssen zunächst eine App herunterladen, um anschließend einen Verifizierungscode herunterzuladen. Wer nun seine Zahlungsdaten (Kreditkarte oder Paypal) hinterlegt, kann über die App die Standorte der Roller lokalisieren und sie in festgelegten Zonen für Kurzfahrten nutzen. Die Kosten belaufen sich auf 1 Euro pro Fahrt plus 15 Cent pro Minute.

FAHRRADVERLEIH

Die Flut an Fahrradverleihsystemen ist auch an Köln nicht vorübergegangen. Eine tolle Sache, die durch das endlich wachsende Radwegesystem begünstigt wird.
Abgesehen von landesweit operierenden Anbietern haben sich hier der *Bike-Sharing-Service der Kölnischen Verkehrsbetriebe (KVB | Anmeldung über die App, 10 Euro pro Monat Grundgebühr, je 30 Min. 1 Euro | kvb-rad.de)* sowie der des ortsansässigen Autoherstellers *Ford (fordpass-bike.de/de)* hervorgetan. Nach Anmeldung über eine App kosten Fahrten von weniger als 30 Min. 1 Euro.
Bei der *Radstation Köln (Markmannsgasse/Rheingarten, direkt an der Deut-*

zer Brücke und Hbf./Breslauer Platz | Tel. 0221 1 39 71 90 | radstationkoeln.de | Bahnen und Busse: Heumarkt | Altstadt | ⊡ G5) kostet das Leihen eines Fahrrads für 3 Std. 6 Euro, pro Tag 12 Euro. Täglich startet hier um 13.30 Uhr eine dreistündige, geführte Stadtrundfahrt (17,50 Euro inkl. Rad). Fremdsprachige Radführungen gibt es nach Voranmeldung.

ÖFFENTLICHE VERKEHRSMITTEL

Angesichts von Staus auf dem Autobahnring und Parkplatzproblemen in den Innenstädten drängen sich die öffentlichen Verkehrsmittel in der Region Köln-Bonn-Düsseldorf geradezu auf. Ein Kurzticket für drei Stationen kostet 2 Euro, das Normalticket 3 Euro, das 4er-Ticket 12 Euro. Dabei spielt es keine Rolle, ob du den DB-Regionalexpress, S-Bahn, Bahnen und Busse der Kölner Verkehrs-Betriebe (KVB), der Stadtwerke Bonn (SWB) oder den Regionalverkehr Köln GmbH benutzt. Zwischen den Haltestellen Heumarkt und Severinstraße wird noch bis voraussichtlich 2026 eine Lücke klaffen, weil sich während des Baus ein schweres Unglück ereignet hat, das unter anderem zum Einsturz des Stadtarchivs geführt hat.
Tickets von KVB und VRS (Verkehrsverbund Rhein-Sieg) gibt es an den Schaltern am Hauptbahnhof, in den Fahrgastzentren (z. B. am Neumarkt), an den Automaten in den U-Bahn-Stationen und in den Bahnen. ☞ Praktische Alternativen sind die Apps der Verkehrsbetriebe, die eine Anmeldung

Ist das noch U-Bahn oder ist das schon Kunst? Haltestelle Äußere Kanalstraße

erfordern, dir aber bis zu 10 Prozent des Fahrpreises sparen. Mit dem Normalticket kannst du 90 Min. lang fahren und unbegrenzt umsteigen. Nahverkehrstickets sind bis nach Düsseldorf, Aachen oder Bonn erhältlich. Infos auf *kvb-koeln.de*.

Busse ins Kölner Umland fahren vom Hauptbahnhof/Breslauer Platz *(Tel. 0221 1 63 70 | rvk.de |* Altstadt *| ᵣₓₒ G4)*.

PARKEN

Das Parkhaus am Dom kostet 2,40 Euro pro Std., max. 24 Euro pro Tag (Abendtarif ab 19 Uhr 1 Euro/Std.). An anderen Stellen in der Innenstadt werden 1,80–3 Euro/Std. verlangt (Liste unter *short.travel/koe3*). Achte unbedingt auf die temporären Parkverbote, die schon am Vorabend vor Karnevalsumzügen

und Straßenfesten erlassen werden: Nicht nur bei Großveranstaltungen wird rigoros abgeschleppt, auch wenn Radwege und Feuerwehrzufahrten zugeparkt werden, oder beim Parken in zweiter Reihe.

TAXI

Grundpreis 3,90 Euro, 6–22 Uhr bis 5 km 2 Euro je Kilometer, jeder weitere 1,80 Euro, 22–6 Uhr bis 5 km 2,10 Euro je Kilometer, jeder weitere 1,90 Euro; Wartezeit/Min. 0,50 Euro, Kreditkartenzuschlag 1,00 Euro. Der Nachttarif gilt auch an Sonn- und Feiertagen. Lasttaxis für umfangreicheres Gepäck rechtzeitig vorbestellen! An Heiligabend, Silvester und den Karnevalstagen sind Taxis sehr schwer zu bekommen. *Taxi-Ruf Köln Tel. 0221 28 82*

VOR ORT

AUSKUNFT

Gegenüber dem Dom befindet sich das *Köln Tourismus Service-Center (Mo–Sa 9–20, So u. Feiertage 10–17 Uhr | Tel. 0221 34 64 30 | info@koelntourismus. de | koelntourismus.de | Altstadt | ▥ F4)* mit Souvenirshop. Die telefonische Hotelvermittlung *(Mo–Sa 8–20, So u. Feiertage 10–17 Uhr | Tel. 0221 3 46 43 54 49)* ist kostenlos, die Vermittlungsgebühr bei persönlicher Vermittlung im Servicecenter beträgt pro Buchung 3 Euro.

Tageskalender mit den wichtigsten Veranstaltungen findest du unter: *stadtrevue.de*; offizielle Seite der Stadtverwaltung: *stadt-koeln.de*; Kartenbestellungen: *koelnticket.de*; Ausstellungen: *koelngalerien.de*, *museen koeln.de*; Messen: *koelnmesse.de*; Karneval: *koelnerkarneval.de*.

CITY CARD

Die KölnCard gewährt ermäßigten Eintritt in viele Kölner Museen und vergünstigte Tickets für eine Schifffahrt auf dem Rhein oder einen Theaterbesuch. Hinzu kommen bis zu 50 Prozent Rabatt bei Stadtführungen sowie Ermäßigungen in vielen Geschäften und Restaurants, und die Benutzung des ÖPNV ist mit inbegriffen. So rechnet sich der Preis von 9 bzw. 19 Euro für 24 oder 48 Std. schnell. Gruppen von bis zu fünf Personen zahlen lediglich den doppelten Preis, also 18/38 Euro. Eine vollständige Liste aller Vergünstigungen und Bestellmöglichkeit findest du auf *koelntourismus.de*.

Kunst ist überall – man muss nur hingucken: Streetart in Köln

RHEINFAHRTEN

Das bekannteste ist das „Müllemer Böötche" der *Dampfschiffahrt Colonia* (*April–Okt. 10–17.30 Uhr alle 45 Min. am Wochenende, in der Woche größere Zeitabstände | 10,10 Euro | Tel. 0221 2 57 42 25 | dampfschiffahrt-colonia. de | Mülheim | ⟦ 0*). Genieß die einstündige Rundfahrt ab Hohenzollernbrücke – Zoo – Mülheim und zurück.

Ab Frankenwerft/Rheingarten (zwischen Hohenzollern- und Deutzer Brücke) startet die einstündige Fahrt mit der „MS Jan von Werth" oder der „MS Drachenfels", Anbieter ist die *Köln-Düsseldorfer Deutsche Rheinschifffahrt AG* (*Panoramafahrt: 11 Euro; Abendfahrt Mo–Do 20–22 Uhr: 18 Euro; Tagesfahrt nach Zons 42 Euro | genaue Termine: k-d.com | Tel. 0221 2 08 83 18 | Altstadt | ⟦ G5*).

Die *KölnTourist Personenschiffahrt* (*März–Okt. ab 10.15, Nov./Dez. ab 12 Uhr, letzte Fahrt im Sommer 17.40 Uhr | 10,60 Euro | koelntourist. net | Altstadt | ⟦ G4*) bietet Ausflüge ab dem Konrad-Adenauer-Ufer. Die Fahrt nach Rodenkirchen dauert ca. eine Stunde.

STADTBESICHTIGUNGEN

Verschiedene Event-Führungen (Brauhaus mit Bierprobe, Nachtwächter, Romanische Kirchen etc.) auch „op kölsch" und nach Voranmeldung in verschiedenen Fremdsprachen (ab 8 Pers.) bietet *AE-event* (*Agentur für Erlebnisevent und Tourismus | Aachener Str. 352 | Tel. 0221 16 82 98 09 | ae-event.de | kontakt@ae-event.de*). Termine und Preise: ae-event.de/calendar. Stadtrundfahrten mit dem Cabrio-Doppeldeckerbus – klassisch oder als Hop-on-hop-off – bietet *CCS Busreisen GmbH* (*tgl. 10, 12, 14, April–Okt. auch Fr/Sa 16 Uhr | ab 15 Euro, ab Köln Tourismus Service-Center | Kardinal-Höffner-Platz 1 | Tel. 0221 9 79 25 70 | ccs-busreisen.de | Bahnen und Busse: Dom/Hbf.*).

Streetart, Graffiti und andere urbane Kunstformen stehen im Mittelpunkt der Arbeit von *Cityleaks* (*7,50–12 Euro | ohne Anmeldung, Termine auf cityleaks-festival.de*). Von April bis September organisiert das Team regelmäßig Führungen durch das Belgische Viertel, Ehrenfeld und Nippes. Dabei können die Teilnehmer entweder zu Fuß gehen oder radeln.

Führungen durch den Dom und die berühmten zwölf romanischen Kirchen stehen auf der Tagesordnung des *Domforum* (*Roncalliplatz 2 | Tel. 0221 92 58 47 20 | domforum.de | Bahnen und Busse: Dom/Hbf. | Zentrum | ⟦ G4*). Das Programm mit genauen Terminen gibt's kostenlos im Domforum oder auf der Website.

Mit *Stattreisen* (*12 Euro | Büro: Bürgerstr. 4 | Tel. 0221 7 38 09 5 | Termine, Treffpunkte und Tickets: stattreisen-koeln.de | ⏱ 2 Std.*) kannst du Köln abseits der üblichen Touristenprogramme erkunden. Im Angebot sind Themenführungen wie „Klüngel und Knochen" und Streifzüge durch einzelne Stadtviertel.

Eine Vielzahl themenbezogener „Erlebnistouren" durch die Domstadt bietet die *Tour-Agentur* (*Hohe Pforte 22 | Tel. 0221 9 32 72 63 | service@tour-agentur.de | koeln-erlebnistouren. de*). Die Touren auf Kölsch, Pilgertouren, Friedhofs-, Literatur- oder Kriminaltouren bieten Amüsantes und Mysteriöses. Gruppenführungen kosten zwischen 129 und 159 Euro.

WAS KOSTET WIE VIEL?

Kölsch	1,80 Euro
	für ein Glas (0,2 l)
Leihfahrrad	12 Euro
	pro Tag
U-Bahn	8,60 Euro
	Tagesticket für das Stadtgebiet
Karneval	45 Euro
	Sitzung „Lachende Kölnarena"
Kaffee	2,50–4 Euro
	von Filterkaffee bis Café Latte
Halve Hahn	3,80 Euro
	im Brauhaus

THEATER- & KONZERTKARTEN

Konzerttickets und Theaterkarten aller Art bekommst du im *KölnMusik Ticketshop (Mo–Fr 10–19, Sa 10–16 Uhr | Tel. 0221 20 40 81 60 | Roncalliplatz, am Römisch-Germanischen Museum | Bahnen und Busse: Dom/Hbf. | Zentrum | ▢ G4)*
Weitere Online-Vorverkaufsstellen: *koelnticket.de (Tel. 0221 28 01)*; Hotline *Kölner Philharmonie (koelner-philharmonie.de | Tel. 0221 28 02 80)*.

TRINKGELD

Wenn du mit dem Service zufrieden bist, gönn dem Personal die üblichen zehn bis fünfzehn Prozent. Manche Taxifahrer haben sich die Unsitte ange-

wöhnt, von sich aus aufzurunden. Die Köbesse im Brauhaus dürfen sich während der Arbeit offiziell nur zu alkoholfreien Drinks einladen lassen. Städtische Bedienstete dürfen kein Trinkgeld annehmen, auch nicht die Museums- und Stadtführer.

ZEITUNGEN

Die örtlichen Tageszeitungen „Kölner Stadt-Anzeiger", „Kölnische Rundschau" und „Express" stammen alle aus dem Hause DuMont. Unabhängig berichtet die „Stadtrevue" mit umfangreichem Veranstaltungskalender.

WICHTIGE HINWEISE

BUSSGELDER

Eine strenge Bußgeldordnung soll für mehr Sauberkeit sorgen. Wenn du deinen Hund auf Spiel- oder Bolzplätze lässt, kostet das bis zu 250 Euro, für Hundehaufen auf dem Bürgersteig kassiert die Stadt mindestens 100 Euro und für einen ausgespuckten Kaugummi 35 Euro. Einweggrills sind auf öffentlichen Grünflächen verboten, Bußgeld: 300 Euro.

KARNEVAL

In der Karnevalswoche herrscht in Köln Ausnahmezustand. Alle Ämter und Behörden sind geschlossen oder haben an den „Brauchtumstagen" nur Notbesetzung. Wenn du dich in den Trubel des Straßen- und Kneipenkarnevals stürzen möchtest, lass Kreditkarten und wertvollen Schmuck im Hotelsafe und nimm zum Bezahlen möglichst kleine Scheine mit. Echte Profis reaktivieren für die tollen Tage ein bereits ausgedientes Handy oder lassen das Mobiltelefon ganz weg. Wer Handy oder Portemonnaie dabeihat, sollte es unbedingt am Körper tragen und auf gar keinen Fall in der Jacke lassen. Diebe haben sich genau auf diese gutgläubige Klientel spezialisiert.

INSIDER-TIPP
Noch das alte Smartphone in der Schublade?

Für den vierstündigen Vorbeimarsch des Rosenmontagszugs solltest du warm genug angezogen sein. Am 6 km langen Zugweg stellen sich bis zu 1,5 Mio. Zuschauer auf: Sei also unbedingt rechtzeitig vor Ort, um in der Menge noch einen guten Platz mit freier Sicht zu erwischen. Auch für den Eintritt in Kneipen ist Geduld gefragt. Wartezeiten von mehreren Stunden sind keine Seltenheit. Eintrittskarten für ausgesuchte Sitzungen, Bälle und andere Events sind ab Anfang Januar im „Kaatebus" („Kartenbus") auf dem Neumarkt oder online *(koelnerkarneval.de)* erhältlich. Manche Vereine und Organisatoren allerdings kümmern sich ausschließlich in Eigenregie um den Ticketverkauf.

NOTFÄLLE

NOTDIENSTE

Apotheken-Notdienst: Tel. 0800 0 02 28 33 *(nur vom Festnetz)*
Ärztl. Notdienst: Tel. 11 61 17 oder Tel. 01805 04 41 00 (*)
Zahnärztlicher Notdienst: Tel. 01805 98 67 00.

NOTRUFE

Polizei: Tel. 110; *Feuerwehr:* Tel. 112

WETTER IN KÖLN

	JAN.	FEB.	MÄRZ	APRIL	MAI	JUNI	JULI	AUG.	SEPT.	OKT.	NOV.	DEZ.
Tagestemperaturen	4°	6°	10°	14°	19°	22°	24°	24°	20°	14°	9°	5°
Nachttemperaturen	-1°	0°	2°	5°	8°	12°	14°	14°	11°	7°	4°	0°
☀ Sonnenschein Stunden/Tag	2	2	4	5	6	7	6	5	5	4	2	2
☂ Niederschlag Tage/Monat	18	15	13	17	13	13	14	14	14	16	18	17

☀ Sonnenschein Stunden/Tag   ☂ Niederschlag Tage/Monat

KÖLN FEELING

ZUM EINSTIMMEN & AUSKLINGEN

LESESTOFF & FILMFUTTER

📖 TOD UND TEUFEL (1995)

Trockene Stadtgeschichte? Keinesfalls. In seinem ersten Roman taucht Frank Schätzing in Form eines fesselnden Krimis, der angesiedelt ist im Jahr 1260, in Kölns Historie ab: Hat Protagonist Jacop wirklich den Mord an Dombaumeister Gerhard beobachtet? Die Neuauflage erschien 2006.

📖 KÖLN: EINE GESCHICHTE (2015)

Wie ein Roman schildert das Buch von Barbara und Christoph Driessen auf unterhaltsame Weise die wechselvolle Historie der Stadt.

📖 KÖLNER FINALE (2015)

Im Genre „Köln-Krimi" schreiben einige Autoren, so auch Reinhard Rohn. Sein spannender Thriller „Kölner Finale" ist Teil der Reihe um Hauptkommissar Jan Schiller.

🎥 FILMREISE IN DAS ALTE KÖLN (2011/2018)

Liebevoll von Hermann Rheindorf zusammengestelltes Material, das seltene Einblicke in die Stadt ermöglicht, wie sie vor der Zerstörung im Zweiten Weltkrieg ausgesehen hat. Zwei Teile – als DVD oder Stream auf *filmreise.rheindvd.de*

PLAYLIST HEIMATMUSIK

0:58

‖ TOMMY ENGEL –
DU BES KÖLLE
Der Mastermind der Bläck Fööss
mit seinem Vermächtnis an die
Stadt

▶ QUERBEAT –
NIE MEHR FASTELOVEND
Fröhliches Beispiel für die neue
Generation der rheinischen
Mundart-Bands

▶ BLÄCK FÖÖSS –
BEI UNS IM VEEDEL
Ultimative Hymne auf die lokale
Identität

▶ CAT BALLOU –
ET JITT KEI WOOD
Diese Ballade treibt Lokalpatrioten
die Tränen in die Augen

▶ HÖHNER –
MER STONN ZU DIR, FC KÖLLE
Ob in guten oder schlechten Zeiten

Den Soundtrack
zum Urlaub gibt's
auf **Spotify** unter
MARCO POLO
Cologne

Oder Code mit Spotify-App scannen

AB INS NETZ

KÖLN IM FILM
Ausführliche Sammlung von Filmen
aus und über Köln, dazu Links zu
Filmfestivals und zu den Home-
pages von Museen und Instituten,
die Filme über die Domstadt archi-
vieren. *koeln-im-film.de*

KÖLN-TOURISMUS-BLOG
Kölner Blogger schreiben für das
städtische Tourismusbüro über ihre
Lieblingsorte und Themen wie Life-
style, Essen oder Kunst und Kultur.
blog.koelntourismus.de

PLANET KÖLN
Minimalistischer Food-Guide von
Alexandra & Ralf auf Instagram.
instagram.com/planetkoeln

MIT VERGNÜGEN KÖLN
Junge Webseite mit Ausgehtipps
und Köln-Geschichten. *koeln.mit*
vergnuegen.com

KÖLSCH WÖRTERBUCH
Auf der Suche nach der passenden
kölschen Vokabel? Hiermit hast du
immer eine Antwort parat. *koelsch-*
woerterbuch.de

TRAVEL PURSUIT

DAS MARCO POLO URLAUBSQUIZ

Weißt du, wie Köln tickt? Teste hier dein Wissen über die kleinen Geheimnisse und Eigenheiten von Stadt und Leuten. Die Lösungen findest du in der Fußzeile. Und ganz ausführlich auf den S. 20–25.

❶ Wo wird Kölsch gebraut?
a) Ausschließlich in Köln und im Rheinland
b) In ganz Deutschland
c) An vielen Orten der Welt, in Deutschland aber nur in und um Köln

❷ Welche erfolgreiche Fernsehserie wurde in Köln gedreht?
a) Die Lindenstraße
b) Derrick
c) Das Traumschiff

❸ Wogegen sollte das Kölnisch Wasser ursprünglich helfen?
a) Gegen Körpergeruch
b) Gegen Kopfschmerzen
c) Gegen rostige Türen

❹ Welches Unternehmen war in einen Skandal verwickelt?
a) Die Kölner Messgesellschaft
b) Die Kölner Messegesellschaft
c) Die Kölner Messergesellschaft

❺ Welches Sprichwort thematisiert die Kölner Toleranz?
a) Jeder Jeck es anders
b) Jeder Tuppes es anders
c) Jeder Knallkopp es anders

❻ Was ist getreu den Bläck Fööss das Schönste für einen Kölner?
a) Das Opernhaus
b) Die U-Bahn
c) Sein Viertel

Jetzt die KVB-App downloaden & sparen!

Fahrplanauskunft, Ticketkauf,
KVB-Rad, Carsharing & mehr
www.kvb.koeln/app

REGISTER

LOB ODER KRITIK? WIR FREUEN UNS AUF DEINE NACHRICHT!

Trotz gründlicher Recherche schleichen sich manchmal Fehler ein. Wir hoffen, du hast Verständnis, dass der Verlag dafür keine Haftung übernehmen kann.

MARCO POLO Redaktion • MAIRDUMONT • Postfach 31 51 73751 Ostfildern • info@marcopolo.de

Impressum
Titelbild: Kölner Dom (Schapowalow: F. Carovillano)
Fotos: R. Hackenberg (10, 11, 90, 106/107); huber-images: Bäck (21), G. Croppi (14/15 (A.R. Penck: © VG Bild-Kunst, Bonn 2017), 36/37), Gräfenhain (35, 113, 119), H. Klaes (57), L. Kornblum (102/103), S. Lubenow (6/7), S. Lubenow (4, 50, 58/59), C. Piccoli (2/3), M. Rellini (Klappe vorne außen, Klappe vorne innen, 1, 25), R. Schmid (45), C. Seba (39, 122/123); R. Johnen (135); L. Kornblum (63, 83); Laif: R. Brunner (47), W. Gollhardt (104/105), Huber (42/43), Jung (54), T. Kost (132/133), Linke (12/13, 26/27, 31); laif: Linke (95); Laif: M. Linke (22, 79), T. Müllenmeister (126), T. Rabasch (80), Reinicke (125), K. Schoene (52), D. Schwelle (130/131), Zanettini (98/99); K. Lindemann (17, 72/73, 89); mauritius images: W. Dieterich (116); mauritius images/Alamy: K. Sriskandan (8); mauritius images/Travel Collection (9); mauritius images/Westende61: C. Hernandez (100/101), A. Tamboly (96/97); A. Siggelkow (64, 71, 84/85, 92); S. Troll (67, 68)

16. Auflage 2020, komplett überarbeitet und neu gestaltet
© MAIRDUMONT GmbH & Co. KG, Ostfildern
Autor: Ralf Johnen, Jürgen Raap
Redaktion: Christin Ullmann
Bildredaktion: Gabriele Forst
Kartografie: Kartografie: © MAIRDUMONT, Ostfildern (S. 108–109, 111, 114, 118, 121, Umschlag außen, Faltkarte); © Kölner Verkehrs-Betriebe AG, Köln (Umschlag innen); © MAIRDUMONT, Ostfildern, unter Verwendung von Kartendaten von OpenStreetMap, Lizenz CC-BY-SA 2.0 (S. 28–29, 33, 41, 46, 48, 51, 60–61, 74–75, 86–87)
Als touristischer Verlag stellen wir bei den Karten nur den De-facto-Stand dar. Dieser kann von der völkerrechtlichen Lage abweichen und ist völlig wertungsfrei.
Gestaltung Cover, Umschlag und Faltkartencover: bilekjaeger_Kreativagentur mit Zukunftswerkstatt, Stuttgart; Gestaltung Innenlayout: Langenstein Communication GmbH, Ludwigsburg
Konzept Coverlines: Jutta Metzler, bessere-texte.de

Printed in China

MIX
Paper from responsible sources
FSC® C124385

MARCO POLO AUTOR
RALF JOHNEN

... hat große Teile seines Lebens in Köln verbracht. Der gelernte Tageszeitungsjournalist liebt die Kompaktheit der Stadt und ihre zentrale Lage mitten in Europa. Am liebsten streift er zu Fuß durch die Veedel. Dabei wundert er sich, in welchem Ausmaß Köln sich im 21. Jh. seine Eigenheiten bewahrt hat. Und er weiß: Brauhäuser, Liedgut und Karneval entwickeln eine merkwürdige Faszination.

BURG ELTZ

www.burg-eltz.de